Helmut Kurtz
PIPPIN DER SCHLUCKLÖWE
Eine literarische Collage

Mit Karikaturen
von
Manfred Jorgas und Josef Stocker

Karin Fischer Verlag

Karikaturen von Manfred Jorgas: S. 7, 17, 23, 32, 33, 39, 45, 57, 61, 65, 67 u. 81; von Josef Stocker: S. 11, 19, 25, 29, 51, 73, 87, 93 u. 101; Jorgas/Stocker: S. 106

CIP-Titelaufnahme
der Deutschen Bibliothek

Kurtz, Helmut:
Pippin der Schlucklöwe : eine literarische
Collage / Helmut Kurtz. Mit Karikaturen
von Manfred Jorgas und Josef Stocker. -
Orig.-Ausg., 1. Aufl. -
Aachen : Fischer, 1990
ISBN 3-927854-47-6

© 1990 by Karin Fischer Verlag, Aachen
Postfach 1987, D-5100 Aachen
Originalausgabe
1. Auflage 1990
Alle Rechte vorbehalten
Gesamtgestaltung: yen-ka
Umschlagentwurf unter Verwendung
einer Zeichnung
von Manfred Jorgas
Karikaturen von Manfred Jorgas
und Josef Stocker
Satz: context GmbH, Aachen
Druck und Bindung: MaroDruck, Augsburg
Printed in Germany 1990
ISBN 3-927854-47-6

Inhalt

I. »Idiot heißt einer, insofern Eigenheit in ihm ist«
(Hegel) 7

II. »Alle Erziehung ist nur Handreichung
zur Selbsterziehung«
(Spranger) 11

III. »Definition eines Kusses: die anatomische
Nebeneinanderstellung von zwei Ringmuskeln
im Zustand der Kontraktion«
(Gibbons) 19

IV. »Geist ist überwundene Wirklichkeit«
(Herbst) 25

V. »Gerechtigkeit ist der Name, welchen wir einer
Entscheidung beimessen, die der Mehrzahl der
Nichtbetroffenen angenehm ist«
(Nahr) 29

VI. »Das Brett ist jener Teil unseres Kopfes,
welcher ihm am häufigsten im Wege steht«
(Kurtz) 33

VII. »Die Liebe zur Ehrlichkeit ist die Tugend des
Zuschauers, nicht die der handelnden Personen«
(Shaw) 39

VIII. »Die Rede ist die Kunst, Glauben zu erwecken«
(Aristoteles) 45

IX. »Konzentration ist die ungetrübt nach innen gerichtete Abseitigkeit«
(H. Arndt) 51

X. »Einen Menschen lieben heißt, als einziger ein für die anderen unsichtbares Wunder sehen«
(Mauriac) 57

XI. »Aeskulapsus: Ein ärztlicher Kunstfehler«
(Frei nach Niederreuther) 61

XII. »Genius: der Eintritt eines neuen Elements in das intellektuelle Universum«
(W. Wordsworth) 67

XIII. »Reif sein heißt, in einer Isolierung leben, die sich selbst genügt«
(Pavese) 73

XIV. »Verehrung ist tiefgekühlte Liebe«
(Sagan) 81

XV. »Schön ist, was zugleich reizend und erhaben ist«
(A. W. Schlegel) 87

XVI. »Einen Menschen lieben heißt, ihn so zu sehen, wie Gott ihn gemeint hat«
(Dostojewski) 93

XVII. »Mädchen, das sind die, die rückwärts tanzen«
(Bob Hope) 101

I

»Idiot heißt einer, insofern Eigenheit in ihm ist«
(Hegel)

Der Mann, der auf dem Kraftrad sitzt
an dem verchromt der Lenker blitzt
der ballert mit dem Auspuffrohr
und legt ein zügig' Tempo vor –

Die Mädchen, die zur Seite springen
die will er zur Bewund'rung zwingen
doch denken die: der Idiot
der fährt bestimmt mal eine tot!

Was für den Mann nur Spiel und Sport
ist, so gesehn, versuchter Mord.

EINUNDZWANZIG JAHRE jung und von der Deutschen Wehrmacht mit einer 500er BMW ausgestattet, pflegte Pippin im zweiten Weltkrieg Albaniens Straßen noch unsicherer zu machen, als sie ohnehin schon sind. Im Land der Skipetaren grasen die Kühe nämlich nicht auf umzäunten Weiden, sondern am Straßenhang.

Pippin machte sich eines Tages, zum Kurierdienst befohlen, auf den Weg von Durazzo nach Tirana, der Landeshauptstadt. Er trug weder Sturzhelm noch Lederkleidung; dafür ist es in Albanien zu heiß. Bekleidet war er mit einem Tropenhelm, Shorts und einem Tropenhemd.

Obergefreiter Pippin hatte die schwere BMW fest im Griff, er hielt den Lenker sozusagen eisern umklammert. Die Muskeln seiner braungebrannten Oberarme spielten, wenn er den Handgasknauf bewegte, und der Fahrtwind kühlte seine nackten, ebenfalls mit Muskeln bepackten Oberschenkel. Er befand sich in einer Straßenbiegung, und der Zeiger seines Geschwindigkeitsmessers zeigte auf 100. Nun aber kam eine Gerade und Pippin gab Gas – 110 – noch mehr Power – 120 – ha, dieses kraftvolle Ballern und Knattern im Auspuffrohr, Musik für seine Ohren – noch mehr Gas!

Pippin war versucht, die Höchstgeschwindigkeit herauszukitzeln, da sah er die Kuh aus dem Straßengraben auftauchen und sich auf der Straße querstellen. Seelenruhig sah sie dem Heranrasenden entgegen – links ein Graben, rechts ein Graben, in der Mitte die Kuh – wohin sollte er ausweichen? Pippin entschied sich für den Graben zur Rechten, streifte aber noch, bevor er zur Bauchlandung ansetzte, die Kuh am Hinterteil. Diese machte einen Satz und kletterte nach Überquerung des Straßengrabens den Hang auf der anderen Straßenseite hinauf, wobei sie ein albanisches Wort sagte, das sich anhörte wie »Idiot«. Pippin, nachdem er festgestellt hatte, daß alle seine Knochen und nicht zuletzt seine Hose unbeschädigt waren, antwortete ihr mit einem herzlichen »Danke gleichfalls«. Auf deutsch natürlich, aber die Kuh verstand schon, wie er es meinte, denn sie muhte:

You're welcome!

Das ist Englisch, und sie wollte ihm damit wohl zu verstehen geben, daß sie viel intelligenter war, als er aussah.

Der große Philosoph Hegel hat einmal gesagt:

Idiot heißt einer, insofern Eigenheit in ihm ist.

Beide Verkehrsteilnehmer hatten zweifellos ihre Eigenheiten, doch sollte man eine Kuh nicht auf die Stufe des Menschen erheben, indem man sie einen Idioten nennt. Sie könnte sonst auf dumme Gedanken kommen und friedlich auf dem Asphalt grasende Menschen anrempeln. Nicht die Kuh, der Mensch ist die Krone der Schöpfung. Er, nicht die Kuh, hat die Eigenheit, Hosen zu tragen und darunter zu verbergen, was sein ureigenstes Geheimnis ist.

II

»Alle Erziehung ist nur Handreichung zur Selbsterziehung«
(Spranger)

Ein Vater sprach zum Sohne weise:
Die Treppe runter gehste leise
uns Große störet dein Getrampel –
da sprach der Sohn: Du Piesepampel!

Den Vater trifft's am lichten Tag
wie Hagel, Blitz und Donnerschlag
weshalb dem Sohn er, rachesüchtig,
die Hosen strammzieht, aber tüchtig,
als dieser dann vor Wehe schreit
fühlt jener sich von Schmach befreit.

Du Piesepampel! krächzt sodann
sein Papagei ihn gleichfalls an
worauf der Vater droht: Ei ei
dein Glück, daß du ein Papagei
und dir, weil du ein solcher bist
Vernunft nicht beizubringen ist –

Ich würd' mich sonst gewiß nicht scheuen
sie dir mit Prügel einzubläuen!
Das – und er rieb sich den Popo –
macht man seit frühen Zeiten so –

Daß ich heut' so vernünftig bin
– er kratzte sich verträumt das Kinn –
das dank' ich jenem schönen Brauch –

Der Vater sprach's – so ist es auch.

SCHON IN DER SCHULE hatte Pippin die Erfahrung gemacht, daß harte Gegenstände, wenn sie mit einem menschlichen Körperteil in unsanfte Berührung gebracht werden, schmerzhafte Empfindungen auslösen. In seiner Schulzeit war es zumeist sein Kopf, der unsanft berührt wurde. Er und seine Kameraden pflegten sich am gegenseitigen Austauschen von Kopfnüssen zu berauschen, einer Übung, bei der die Fingerknöchel der geballten Faust auf der Kopfhaut eines anderen gerieben werden – kurz nur, aber dermaßen kräftig, daß der Überraschte heiße Ohren bekommt. Für den Täter berauschend ist der Schrei, den sein Opfer ausstößt und der von dem Laut »au« überleitet in ein nach unten abfallendes kurzes »a«: Aua. Tut eine Kopfnuß besonders weh, wird aus dem abrupt abbrechenden »a« ein gehauchtes »ha«: Au-ha! Gelingt es dem Täter, mit seiner Kopfnuß diesen Laut zu erzeugen, ist er jedesmal besonders erfreut.

Der Klassenlehrer verfolgte solche Umtriebe mit Mißbilligung. Wer sich dabei von ihm erwischen ließ, dem winkte er einladend mit dem Rohrstock. Dem so Begünstigten wurde damit aber nicht die Kopfhaut massiert, sondern ein Körperteil, der sich durch größere Elastizität auszeichnet und den manche auch das zweite Gesicht nennen, obwohl Ähnlichkeit mit einem Gesicht nur sehr schwer, wenn überhaupt, zu erkennen ist, auch nicht bei näherem Hinsehen. Das zweite Gesicht ist jedenfalls weniger hochgestellt als das erste, sonst stünde es nicht in nachgeordneter, sondern in übergeordneter Reihenfolge. Es ist weniger knochig als das erste und besteht im wesentlichen aus zwei halbrunden Weichteilen, auf denen sich federnd sitzen läßt. Es wird darum auch viel treffender Gesäß genannt, ein Ausdruck, dessen sich sogar gehobene Gesellschaftsschichten bedienen, wenn sie nicht gerade zufällig deutsch miteinander reden. Auch Pippins Klassenlehrer gehörte zu den gehobenen Schichten. Er war überaus gebildet und bediente sich einer gepflegten Ausdrucksweise, selbst wenn er deutsch redete. Wollte er einem Kopfnußjäger eine Bambusmassage zuteil werden lassen, sprach er immer nur von dessen »vier Buchstaben« und ließ derart auf dezente Weise erkennen, auf welchen Körperteil er es abgesehen hatte. Stets überließ er es so seinem jeweiligen Ansprechpartner, sich aus eigenem reichen Wortschatz diejenige Vokabel auszusuchen, die ihm die liebste war.

Seinen Rohrstock nannte er den »gelben Onkel«. Als Pippin zum erstenmal mit ihm in Kontakt gekommen war, hatte er sich zu Hause bei seinem Vater über die unsanfte Art beklagt, womit ihn der »Onkel« begrüßt hatte, und geäußert, eine Kopfnuß wäre ihm lieber gewesen. Pippins Vater jedoch hatte den »gelben Onkel« in Schutz genommen und ihm bedeutet, daß im Kopf die Vernunft beheimatet sei. Die Vernunft, so sagte er, strebe danach, aus dem Menschen ein höheres Wesen zu machen. Am Kopf als dem Sitz der Vernunft Strafhandlungen vorzunehmen sei daher unangemessen. Der Kopf sei zudem Träger des ersten Gesichts, aus dem die Vernunft geradezu leuchte – er, Pippin, brauche seinen Vater doch nur anzuschauen, wenn er wissen wolle, wie ein vernünftiger Mensch aussieht. Strafe müsse aber nun mal sein, denn so stünde es im Buch der Weisheit: »Wer sein Kind liebt, der züchtigt es«. Züchtigungen wiederum würden beim Kind nicht am Kopf, sondern am zweiten Gesicht vorgenommen, um es daran zu erinnern, daß es zu Höherem berufen sei. Was denn das Höhere sei, wozu das zweite Gesicht berufen wäre, wollte Pippin wissen. Worauf sein Vater mit leuchtendem Angesicht zum Rohrstock gegriffen und ihm handgreifliche Antwort erteilt hatte.

Nach soviel Erleuchtung hatte Pippin von weiteren Beschwerden abgesehen.

Nun war er inzwischen selbst Vater geworden und erfreute sich seit neun Jahren eines Stammhalters, der wie er mit harten Fingerknöcheln begabt war. Der kleine Micki war ganz der

Vater, nur viel intelligenter. Es wollte ihm zum Beispiel nicht einleuchten, daß die Vernunft bestrebt ist, aus dem Menschen ein höheres Wesen zu machen. Er liebte das Räuberspiel. Ein Räuber war für ihn ein Wesen, das über dem Menschen stand, ein Nonplusultra, welches vom Menschen nicht zu überbieten war.

Dieses nun wurde von Pippin heftig bestritten, der behauptete, ein Räuber sei ein Untermensch, ein Abschaum, überhaupt das Letzte, das vor dem Ersten kommt, der der Höchste ist. Daß es ausgerechnet das Letzte ist, das vor dem Ersten kommt, ist ein Geheimnis, und wer sich unterfängt, daran zu rühren, muß mit dem Tode rechnen. Pippin bekam es sofort zu spüren, denn sein Sohn erhob die Pistole, machte peng peng peng und entwich johlend ins Treppenhaus.

Sein Versuch, an Mickis Vernunft zu appellieren, die dieser noch gar nicht besaß, war damit fehlgeschlagen. Er mußte eine andere Methode anwenden und an Mickis niedrige Instinkte appellieren. – »Sieh diesen Stock«, sagte er bei anderer Gelegenheit, »er ist aus Bambus, und ich kann dir damit den Popo verhau'n.« – »Ich dir deinen aber auch«, entgegnete Micki.

Daran hatte Pippin noch gar nicht gedacht, aber er ging zum Schein darauf ein, weil er glaubte, damit schneller ans Ziel zu kommen. »Na klar«, sagte er, »darum laß uns tauschen: ich gebe dir meinen Stock, und du gibst mir deinen Revolver.« – Micki war einverstanden, und nachdem er den Rohrstock übernommen hatte, weigerte er sich, Pippin den Revolver auszuhändigen. – »Zuerst mußt du dich bücken«, forderte er, »ich will dir den Popo verhau'n.«

Pippin sah keinen Ausweg. Er hätte Micki vorher klarmachen müssen, daß der Sohn dem Vater als dem Höherstehenden Respekt schuldet. Fraglich ist, ob es etwas genützt hätte. Mit einer Pistole auf der Brust kommt auch ein höherstehender Vater schnell zu der Einsicht, daß er es ist, der seinem Sohn Achtung zu erweisen hat.

Einst war Micki über zwei Pappschachteln mit zwanzig rohen Eiern geraten und hatte angefangen, mit den Eiern nach seinem Vater zu werfen. Dieser hatte zuerst daran gedacht, aus dem Buche der Weisheit zu zitieren und seinem Sohn den Spruch einzubläuen, welcher lautet, daß wer da züchtigt, sein Kind liebt. Aber dann war ihm etwas viel Besseres eingefallen. Dem Buch der Weisheit war nicht mehr zu trauen: es ist ja auch uralt. »Öfter mal was Neues«, hatte Pippin gedacht, sich der restlichen verbliebenen Eier bemächtigt und damit seinerseits nach Micki geworfen. Und fröhlich in Mickis wonnevolles Gekreisch eingestimmt. Eigentlich war es ein Heidenspaß gewesen, schade nur, daß er mit so hohen Reinigungskosten verbunden gewesen war. Einige Eier hatten sich in der Tapete verfangen und waren nur sehr schwer wieder zu entfernen gewesen.

Doch nun wollte Micki seinen Vater nicht mit gelben Eiern, sondern mit dem »gelben Onkel« erfreuen, und das war der historische Augenblick, in welchem Pippin Stimmen der Versuchung vernahm, die ihm zuriefen:

Was du nicht willst, das man dir tu,
das füg doch einem and'ren zu!

Pippin erlag der Versuchung, Micki das anzutun, was er nicht wollte, und siehe: Auch an Mickis Ohr drangen Stimmen – Gesang der Engel vom Himmel, der Letzten, die vor dem Höchsten kommen, welcher der Allererste und der Höchste, der Erste und der Letzte ist.

Von dem Philosophen Eduard Spranger stammt der Satz:

Alle Erziehung ist nur Handreichung zur Selbsterziehung.

Aus dem Vorhergehenden darf geschlossen werden, daß auch er Stimmen vom Himmel gehört hat. Er muß wie Micki bereits in früher Kindheit erfahren haben, daß sphärischen Klängen zu lauschen dem Kopf vorbehalten ist – nicht dem Steiß, dem es gleichwohl keinesfalls verwehrt ist, sich dem lauschenden Kopf vernehmbar zu machen.

III

»Definition eines Kusses:
die anatomische Nebeneinanderstellung
von zwei Ringmuskeln
im Zustand der Kontraktion«
(Gibbons)

Obwohl sein Haus nicht grad ein Schloß
sitzt mancher doch auf hohem Roß
denn immerhin – das Haus ist sein
und bringt ihm pünktlich Mieten ein
die Mieter küssen ihm die Hand
und halten ihm das Haus instand.

Doch oft ist einer, ein Verruchter,
davor zu drücken sich versucht er,
der wagt die Kosten hintertrieben
auf ihn, den Hauswirt, abzuschieben
versteht sich dieser dazu nicht
rennt der Verruchte zu Gericht
dort ist man obendrein so schlecht
und gibt dem Hintertrieb'nen recht
worauf der Wirt mit Donnerhall
vom Roß herunter kommt zu Fall. –

Noch sind nach solcher Schicksalswende
des Hauswirts Leiden nicht zu Ende
zwar steht's nicht im Gerichtsbeschluß
daß er dem Kläger gut sein muß
doch besser ist's, wenn er, verwandelt,
ihn wie ein rohes Ei behandelt
dem Mann, der ihm die Zähne zeigt,
dem ist er fortan zugeneigt
wogegen zornig er verfährt
mit Mietern, die er nicht so ehrt
und die, obwohl sie es nicht müssen
ihn à la Berlichingen küssen –

Wem es an Einsicht nicht gebricht
der lerne daraus: Küsse nicht!

IN PIPPINS MIETVERTRAG stand das Wort »Dreizimmer-Wohnung«. Es diente der Verherrlichung eines fünfundzwanzig Quadratmeter großen Loches, das durch eine Wand mit einer Öffnung darin in Wohn- und Schlafzimmer unterteilt war. Das Schlafzimmer war geräumig genug, um einem Doppelbett Platz zu bieten. Auf die Installation einer Deckenlampe hatte der Vermieter geglaubt verzichten zu können, weil man sie, wenn man schläft, ja sowieso nicht braucht. Nebenan befand sich unter einer Dachschräge ein Verschlag, für den der Vermieter die Bezeichnung »Kinderzimmer« erkoren hatte. Durch eine Dachluke fiel Tageslicht auf die gegenüberliegende Wand. Diese war statt mit einer Tapete mit Gipsbeulen geschmückt, unter denen sich Wanzennester befanden. Frühere Bewohner hatten vermeint, die junge Brut vor Zugluft schützen zu müssen, und mit dieser Art von Wärmeisolierung zugleich die Wand verschönert.

Pippins Luxusappartement befand sich im zweiten Stockwerk. Am Treppenaufgang war ein Wasserhahn angebracht, von dem alle das Stockwerk bewohnenden vier Mietparteien schöpften. Dankenswerterweise war auch ein Ausgußbecken darunter, so daß die männlichen Bewohner nicht auf das Auswaschen ihrer Rasierpinsel zu verzichten brauchten. Es erlaubte außerdem den Müttern von Kleinkindern, Windeln und Nachttöpfe hygienisch reinzuhalten.

Alle Vorteile dieser komfortablen Einrichtung anzuführen würde zu weit führen, man verlöre sich im Abflußrohr. Sie wurden aber noch übertroffen von einer auf dem Hinterhof errichteten Latrine. Diese wurde außer von allen zehn Mietparteien auch von Ratten benützt, deren Zahl noch weitaus größer war. Alle Hausbewohner, einschließlich der Ratten und Wanzen, waren dem Vermieter außerordentlich dankbar, daß er ihnen erlaubte, nicht nur das Haus zu bewohnen, sondern auch die Latrine zu benützen. Es gab nur einen einzigen Querulanten: Pippin.

Während alle anderen Hausbewohner ihren Mieterpflichten getreulich nachkamen und die Wanzennester, die sie bei ihrem Einzug vorgefunden hatten, durch Wärmeisolierung mit Gips vor Zugluft bewahrten, suchte Pippin unter gröblicher Mißachtung der Eigentumsrechte des Vermieters, sie zu vernichten. Nicht genug damit, daß er die wehrlosen Geschöpfe in seinen eigenen vier Wänden verfolgte und sie *bestialisch* ermordete – *nein!* Er forderte auch den Vermieter auf, sich an diesem Massenmord zu beteiligen und eine Treibjagd im ganzen Haus zu veranstalten. Dies tat er schriftlich, und sogar *dreimal,* in der abwegigen Hoffnung, der Vermieter würde seinem Begehren stattgeben. Als er sich in dieser Erwartung getäuscht sah, erstattete er schließlich Anzeige. Beim *Gesundheits*amt!

Das Amt, Exekutivorgan eines von Pippin in freier Wahl bestimmten grausamen Gesetzgebers, hatte bereits darauf gelauert und schickte nun ein Exekutionskommando, das nicht nur den armen Wanzen – *nein* – auch den beklagenswerten Ratten auf den Leib rückte. Glücklicherweise gelang es einer nicht unbeträchtlichen Zahl der Betroffenen, ins Nachbarhaus zu entweichen. Dort leben sie noch heute.

Am schlimmsten von allen aber traf es den Vermieter. Man hatte selbst die in *seiner* Wohnung befindlichen Schoßtiere nicht verschont und ihn gezwungen, ihrer Hinrichtung beizuwohnen. Er stand derweil auf dem Hinterhof bei der Latrine, leichenblaß, hielt sich ein Taschentuch vor Mund und Nase und starrte zu den geöffneten Fenstern seines Hauses hinauf, aus denen leichte Wölkchen von Schwefelgas ins Freie entwichen und den blauen Himmel verschleierten. In achtungsvoller Entfernung von ihm verharrte die Gruppe der Mieter, gleich ihm mit Tüchern vermummt und in Untergangsstimmung. Soeben stürzte Pippin mit Frau und Kindern aus der Haustür in den Hinterhof. Bei seinem Anblick wich der Vermieter zurück und verhüllte statt Nase und Mund nunmehr seine Augen, mit der Folge, daß ihn ein schrecklicher Hustenanfall überkam. Dies war das Zeichen für die übrigen Hausbewohner, sich ihrerseits die Augen zu verhüllen, zu husten und dem Vermieter auf diese rührende Weise ihre Loyalität zu bekunden. Seine Schmach war auch die ihre, keiner von ihnen hätte ihn je ohne seine Genehmigung bei der Behörde angezeigt.

Da stand er nun, Pippin der Ruchlose, im Kreise seiner Lieben – von allen anderen verachtet. Zu seinen Füßen lag eine Strecke toter Ratten, die, weil sie sich die Augen nicht mehr verhüllen konnten, anklagend zu ihm hinaufstarrten. Pippin aber hatte für sie nur ein schauerliches Lachen.

Bei Ambrose Bierce, einem amerikanischen Satiriker und Journalisten, finden sich die Worte:

Selbstachtung: eine falsche Einschätzung.

Der Vermieter glaubte, die Wahrheit dieser Worte nirgendwo besser bestätigt zu finden als bei Pippin. Der hätte ihm Respekt erweisen sollen, anstatt ihn zu verachten.

Oder wie sehen Sie das?

IV

»Geist ist überwundene Wirklichkeit«
(Herbst)

Die Schüsse peitschen in das Ziel:
der Sohn, der liebt das Räuberspiel
und durch Getobe und Gejohl
bekundet er: er fühlt sich wohl.

Dieweil sein Kind so furchtbar schrie
befiel den Vater Hysterie
er griff nach Mantel, Stock und Hut:
die Luft im Freien tat ihm gut:

Hier hat er auch mit seinen Klauen
sein Kind im Geiste durchgehauen.

DER FENSTERRAHMEN in Pippins Wohnzimmer war morsch und die Fußbodendielen ebenso. Jemand mußte vor langer Zeit einmal darin eingebrochen sein, denn sie wiesen ein Loch auf, das wie ein Fuß geformt war. Pippins Jüngste, die vierjährige Susi, war darin schon öfter versunken und hatte mit ihrem Geschrei bewirkt, daß sich ein paar Dachschindeln lockerten, was der Aufmerksamkeit des Vermieters glücklicherweise entgangen war, sonst hätte er Pippin zur Kasse gebeten und von ihm verlangt, das Dach des Hauses zu erneuern.

Nun aber forderte Pippin den Vermieter auf, den Fußboden seines Wohnzimmers so wieder instandsetzen zu lassen, daß Susi ungefährdet darauf schreiten konnte, und wies zugleich darauf hin, daß ihn das Schmerzgebrüll der armen Kleinen jedesmal aus dem Hause treibe. Sie war nur schwer zu besänftigen, und er war gezwungen, das Weite zu suchen und mit dem Nachhausekommen so lange zu warten, bis sie sich beruhigt hatte. Der Vermieter erwiderte, der Umstand, daß Pippins Tochter schwer zu besänftigen sei, verstoße gegen die Hausordnung und erfülle den Tatbestand der Ruhestörung. Im übrigen lege er Pippin nahe, das Loch im Fußboden mit Zeitungspapier auszustopfen. Besser wäre noch Zellwolle, da dieses kuschelige Material Kinderfüßen besonders wohltue. Er habe einen kleinen Vorrat davon, Pippin möge sich seiner bedienen.

Mit seiner Antwort bekundete der Vermieter, wie sehr ihm daran gelegen war, der kleinen Susi weitere Schmerzen zu ersparen, und Pippin hätte ihm für soviel mitfühlende Hilfsbereitschaft herzlich danken sollen. Statt dessen rannte er zum Amtsgericht und strengte einen Prozeß an, der sich über lange Zeit hinzog, sehr zum Nachteil der kleinen Susi, deren Gehversuche bis zur Verkündigung des Gerichtsurteils von ständigem Gebrüll statt von Freudenrufen begleitet waren. Pippin war ununterbrochen auf der Flucht, und während er im Freien herumirrte, dachte er an seine Tochter, die er im Geiste schrecklich verprügelte, um sie zu beruhigen und zu trösten. In den Pausen fiel sein Geist über den Vermieter her und boxte ihn – mal aufs Auge, mal auf die Nase, mal in den Magen – solange, bis er ihm zum Schluß seine gefürchtete Rechte auf die Kinnspitze setzte, was ihn zu Boden warf, wo er mit seiner massigen Leibesfülle das Loch im Fußboden von Pippins Wohnzimmer zudeckte.

Von einem Schriftsteller aus Österreich stammt das Wort: »Geist ist Leben in der Abstraktion.« Und ein Landsmann von ihm definierte es so: »Geist ist überwundene Wirklichkeit.« – Ein Idealfall, Vision eines Dichters! – Im Normalfall ist es doch die Wirklichkeit, die den Geist überwindet. Die kann einem ganz schön auf den Geist gehn! – Oder wie sehen Sie das?

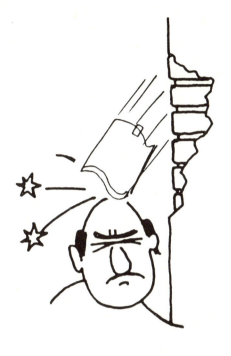

V

»Gerechtigkeit ist der Name, welchen wir
einer Entscheidung beimessen, die der
Mehrzahl der Nichtbetroffenen angenehm ist«
(Nahr)

Der Mensch soll sich, der and'ren wegen,
gewisse Schranken auferlegen
was nicht zu tun sich der erlaubt
der nicht an gute Sitten glaubt.

Wie gut: der Nachbar steht ihm nah
für ihn ist der ja schließlich da
er selber findet's übertrieben
den Nächsten wie sich selbst zu lieben –

Da rumst ihm, keiner weiß weswegen,
ein harter Ziegel auf den Brägen
Gottlob daß sich der Nachbar fand
der seine Wunden ihm verband!

Wenn's Herz auch keinen Dank verspürt:
Sein Kopf ist doch zutiefst berührt
der dankt, indes ein Aug' sich feuchtet
dem Ziegel, der ihm heimgeleuchtet.

Den Vermieter hatte es schmerzlich berührt, daß Pippin sein Angebot zur Hilfeleistung für Susi zurückgewiesen hatte, doch er tröstete sich damit, daß es außer Pippin ja auch noch andere Mieter gab, denen er bei eventuell auftretenden Fußschmerzen mit Zellwolle behilflich sein konnte. Diesen aber ging es, Gott sei Dank, glänzend. Er schloß das aus der Tatsache, daß sich außer Pippin niemand bei ihm über Fußschmerzen beklagte. Und so blickte er getrost dem Tag entgegen, an dem er die Zellwolle würde gebrauchen können, wähnte ihn allerdings in weiter Ferne. Die Zeit verging und der Tag kam.

Susi war soeben wieder mit einem Beinchen in das Loch gefallen. Ihr Geschrei ließ die Dachschindeln, die sich bereits gefährlich gelockert hatten, erzittern. Just in dem Augenblick trat der Vermieter aus der Haustür in den Hinterhof. Ein herabfallender Ziegel fiel auf seinen Kopf, und eine wohltuende Ohnmacht bewahrte ihn davor, Susis Geschrei anhören zu müssen. Er erwachte erst wieder, als sich die Kleine beruhigt hatte und Pippin nach Hause kam.

Für den Vermieter erwies es sich nachträglich als ein Glück, daß Pippin sein Angebot, das Loch im Fußboden mit Zellwolle auszustopfen, ausgeschlagen hatten. Sie diente ihm nun als Kopfverband. Noch am gleichen Tage beauftragte er einen Handwerker, das Dach instand zu setzen und auch das Loch in Pippins Fußboden zu reparieren. Den morschen Fensterrahmen allerdings sparte er aus. Er hatte sich ausgerechnet, daß der ihn überleben würde. Und außerdem, so sagte er sich, sein Kopf war viel härter als Fensterglas. Immerhin scheute er nicht die Ausgaben, die notwendig waren, um seinen Vorrat an Zellwolle aufzustocken. Er hatte beim Anlegen des Kopfverbandes überreichlich davon Gebrauch gemacht.

Seine Wunden heilten schnell, und bald konnte er statt eines Kopfverbandes wieder einen Hut tragen. Früher pflegte er diesen, wenn er Pippin begegnete, aufzubehalten; nun zog er ihn als erster. Vielleicht glaubte er, es wäre Pippin gewesen, der ihm den Ziegel auf den Kopf geworfen hatte. Nun, man mag über Pippin denken, wie man will, aber so verrucht war er nicht mal im Geiste. Es hatte nicht in seiner Absicht gelegen, den Vermieter zu bewegen, als erster vor ihm den Hut zu ziehen; das hatte der Ziegel ohne sein Zutun vermocht. Und Pippin konnte nicht umhin, ihm gegenüber freundliche Gefühle zu hegen. Dem Ziegel gegenüber, nicht dem Hut. – Oder wie sehen Sie das?

Einem Professor, der sich bei der Erforschung heikler Gegenstände große Verdienste erworben hat, ist folgendes Wort zu verdanken:

Gerechtigkeit ist der Name, welchen wir einer Entscheidung beimessen, die der Mehrzahl der Nichtbetroffenen angenehm ist.

Angesichts des weiter unten sichtbaren Angesichts ist vermutlich nur eine Minderheit der Betrachter betroffenen Angesichts. Hauptsache, es hat sie nicht getroffen. Sie sind noch nicht betroffen und dürfen weiterhin hoffen – es bleibt ja alles noch offen!

VI

»Das Brett ist jener Teil unseres Kopfes, welcher ihm
am häufigsten im Wege steht«
(Kurtz)

Einst pflegte man der Kälte wegen
im Ofen Feuer anzulegen
zuerst war da Papier, und endlich
auch trock'nes Kleinholz gut verwendlich –

Ein Mann, um dieses zu erhalten
macht sich ans Werk ein Brett zu spalten:
Statt etwas sich zu strapazieren
und mit der Säge zu halbieren
beschließt er, mit des Fußes Tritten
es durchzubrechen in der Mitten
und denkt sich: An die Wand hier schräge
das Brett gelehnt – bring' ich's zuwege!

Er tritt auch zu mit aller Macht
doch hat ihm das kein Glück gebracht
weil – krach! – das Brett, das schräggestellte
zum Teil an seinem Kopf zerschellte –

Er kühlt, nachdem ihm etwas besser
die Wunde mit dem kalten Messer
und denkt, daß ihm sein Spiegelbild
(dem rasch die Oberlippe schwillt)
weil er sich dämlich angestellt
nicht mehr so gut wie einst gefällt.

MAN MAG für einen harten Gegenstand getrost freundliche Gefühle hegen, wenn er einem anderen unvermutet auf den Kopf fällt. Dabei sollte man aber niemals die Möglichkeit außer acht lassen, daß auch der eigene Kopf irgendwann getroffen werden könnte. Der Sternenreigen, der einem dann vor Augen tanzt, ist jedem vergönnt, ohne Ansehen der Person. »Gerechtigkeit«, sagt der hl. Augustin, »ist die Tugend, die jedem gibt, was ihm gebührt.«

In Pippins Keller lag ein Brett, das darauf wartete, zu Brennholz verarbeitet zu werden. Pippin hatte sich seit langem einen Plan zurechtgelegt, wie er es machen wollte. Das zwei Meter lange Trumm mußte zunächst halbiert werden. Danach konnte er die beiden Hälften in handliche Teile von Brennholzlänge zersägen und sie sodann mit der Axt spalten. Zum Schluß verbliebe ihm nur noch, das so gewonnene Kleinholz in einer Ecke des Kellers zu stapeln und Säge und Axt wieder an ihren alten Platz zu verbringen.

Er besaß eine Bügelsäge von der Art, wie sie auf Jahrmärkten von Gauklern benützt wird, wenn sie eine Kiste zerschneiden, in die sich zuvor eine nur unvollständig bekleidete Dame freiwillig hineingebettet hat. Pippin wollte keine mit einer Dame angefüllte Kiste zerschneiden, sondern nur ein Brett. Doch als er die Bügelsäge kaufte, war ihm die Jahrmarktsgauklerin eingefallen, und er hatte sich gedacht: »Man kann nie wissen.« Was man nie wissen kann, ließ er offen, aber er hatte schon recht damit.

Außer einer Bügelsäge besaß er auch eine Axt. Aus dem Geschichtsunterricht war ihm bekannt, daß sich frühere Zeitgenossen mit Äxten gegenseitig die Köpfe gespalten hatten. Äxte, so hatte der Geschichtslehrer hinzugefügt, dürfen aber heutzutage nicht mehr zu diesem Zweck verwendet werden, außer in Wildwest-Filmen, um die Zuschauer zu trösten.

Zum Zersägen des Brettes wäre nun auch ein Tisch vonnöten gewesen, wäre dafür im Keller Platz gewesen. Aber der war bloß ein Loch und trug die Bezeichnung »Keller« nur, weil er unterm Erdgeschoß gelegen war. Immerhin war das Loch geräumig genug, um eine Kartoffelkiste zu beherbergen, die, auf den Kopf gestellt, auch als Tisch brauchbar war. Pippin braucht nur die darin befindlichen fünf Zentner Kartoffeln in leere Säcke umzufüllen und die gefüllten Säcke nach Beendigung der Sägearbeiten wieder in die Kiste zu entleeren. Die Säcke aber hatte der Händler nach Auslieferung der Kartoffeln wieder mitgenommen.

Pippin wußte nicht, ob er das bedauern oder darüber froh sein sollte. Klar war ihm zunächst, daß sein Plan an den Kartoffelsäcken gescheitert war. Er mußte einen neuen machen. Da fielen ihm die beiden leeren Heringstonnen ein, die auf dem Hinterhof standen und dem im Hause befindlichen Fischgeschäft gehörten. Er konnte das Brett darüber legen und endlich mit Sägen anfangen.

Pippin holte Brett und Bügelsäge aus dem Kellerloch. Bevor er das Brett über die Tonnen legte, blickte er noch schnell hinein, um sich davon zu überzeugen, ob sich außer einem penetrant stinkenden Bodensatz etwa noch anderes darin befände. In der einen Tonne befand sich nichts anderes, aber in der anderen lag eine tote Ratte. Neben ihr saß eine nahe Anverwandte von der Größe einer Katze und starrte mit tränenumflorten Augen zu ihm hinauf. Sprungbereit.

Pippin prallte zurück. Das Brett entglitt seinen Händen und rutschte mit einem Ende hinein in den Rattenfriedhof. Die nahe Anverwandte, in ihrem stillen Gedenken an die Verstorbene unsanft gestört, benützte das Brett als Laufsteg, flog an Pippins Ohr vorbei auf den Hinterhof und fegte von dort auf direktem Wege nach Hause in Pippins Kellerloch.

Nun hätte er endlich anfangen können, Brennholz zu machen, aber die Grabstätte einer toten Ratte als Sägetisch zu mißbrauchen wäre ihm wie eine Entweihung erschienen. Andererseits widerstrebte es ihm, Brett und Bügelsäge nun wieder unverrichteter Dinge ins Kellerloch zu tragen. Kurz entschlossen lehnte er das Brett an die Hauswand, hochkant und im Winkel von etwa 45°. Dann holte er mit dem Fuß aus und trat dagegen. Der erste Tritt brachte nicht das erhoffte Ergebnis; das Brett federte ein wenig, brach aber nicht. Pippin versuchte es ein zweites Mal – vergeblich. Da packte ihn blinder Zorn. Er trat zum dritten Mal zu und legte all seine Kraft hinein. Der berserkerhaften Wucht dieses Fußtritts konnte das Brett nicht länger widerstehen. Seine obere Hälfte löste sich von der unteren und prallte mit eben derselben berserkerhaften Wucht an Pippins Kopf. Dieser sah Sterne, aber sie entzückten nicht ihn, sondern die Ratte, obwohl die sie gar nicht wahrnahm. Sie hatte aus Pippins Kellerloch zugeschaut und konnte die glitzernde Pracht, die sich vor Pippins Augen entfaltete, lebhaft nachempfinden. Sie war ein sensibles Geschöpf, das Leid und Freud mit allen teilte, die ihr nahestanden. Und Pippin stand nicht weit entfernt von ihr.

Von einem, der aus einem weiter unten näher zu erläuternden Grunde nicht genannt werden möchte, stammt ein dunkler Satz, womit aber nicht gesagt ist, daß es der einzige dunkle Satz ist, den er anonym verbreitet hat. Der Satz lautet:

Das Brett ist jener Teil unseres Kopfes,
welcher ihm am häufigsten im Wege steht.

Die Frage, ob Sie das auch so sehen, wäre hier völlig fehl am Platz – der Satz stammt immerhin von einem, der ein Brett vor dem Kopf hat, welches ein Teil »unseres« Kopfes sein soll, womit nicht nur Ihr und mein, sondern zuallererst und vor allem *sein* Kopf gemeint ist. Wobei letzteres der hauptsächliche Grund dafür ist, daß er selbst nicht genannt werden möchte.

VII

»Die Liebe zur Ehrlichkeit ist die Tugend des Zuschauers,
nicht die der handelnden Personen«
(Shaw)

Der Müller, der sein Weib verhaut
das ihm sein Taschengeld geklaut
den schert's, da ihn der Zorn berauscht,
partout nicht, daß der Meier lauscht
der nebenan sich still vergnügt
daß da die Müllern Dresche kriegt –

Die Meiern voll geheimer Lust
sinkt ihrem Meier an die Brust
und spricht, indem sie heiß ihn kißt:
»Gottlob, daß du kein Scheusal bist!«

Das fährt ihm selig durchs Gebein
und geht ihm so wie Honig ein
doch kam er dann mit ihr in Streit
bei späterer Gelegenheit
und haut, wie früher auch mitunter
ihr wieder kräftig eine runter
was nebenan die Nachbarsleut
die sich versöhnten, mächtig freut
und wo die Müllern flötet weich:
»O Müller, du mein edler Scheich,
gib acht, daß du kein schräger Ferscht
wie nebenan der Meier werscht!«

Frau Müllers Zunge war gespalten,
was sollte Müller davon halten –
ihr »schräger Ferscht« war halbwegs ehrlich
den »edlen Scheich« fand er entbehrlich.

DER KLEINE MICKI hatte eingesehen, daß er gegen den Rohrstock seines Vaters mit seinem Spielzeugrevolver nicht ankämpfen konnte. Sollten Sie es anders sehen, so mag es daran liegen, daß Sie bisher noch nicht das Vergnügen hatten, dem »gelben Onkel« vorgestellt und von ihm erleuchtet zu werden. Mickis Mutter war solche Erleuchtung bisher ebenso versagt geblieben, obwohl Pippin auch ihr gelegentlich aus dem Buche der Weisheit vorzulesen pflegte. Dort steht aber nirgendwo geschrieben: »Wer seine Frau liebt, der züchtigt sie.« Immer ist nur von der Liebe zu einem Kind die Rede. Es war ein Glück für Pippachen, daß Pippin außer der Bibel nichts anderes las, sonst wäre er bei Friedrich Nietzsche auf die Aufforderung gestoßen: »Wenn du zum Weibe gehst, vergiß die Peitsche nicht!« Im Brief des Apostels Paulus an die Korinther findet sich Gott sei Dank keine solche gehässige Anspielung, dort wird lediglich behauptet, der Mann sei das Haupt der Frau. Diese Stelle gefiel Pippin besonders gut, und er hätte sie Pippachen gern öfter vorgelesen, sie hatte ihm aber gleich beim ersten Mal bedeutet, hier müsse Paulus irren. Woher Paulus denn solches Wissen nehme, hatte sie gefragt, er habe ja nie in seinem Apostelleben Pippins Haupt zu sehen bekommen, wie es nach ausgedehnten Zechtouren auf seinen Schulter hin- und herschwanke, sonst hätte er wohl eher von einer Schnapsrübe und nicht von einem Haupt gesprochen. Pippin hatte versucht ihr zu erklären, daß Paulus mit dem Wort »Haupt« nicht den Kopf des Mannes gemeint, sondern auf dessen Führungsrolle in der Ehe hingewiesen habe. In diesem Augenblick war nebenan bei den Nachbarsleuten ein Höllenlärm ausgebrochen. Herr Müller befahl seiner Frau mit Kommandostimme, ihm sofort die Skatkasse zurückzuerstatten, die sie widerrechtlich seiner rechten Hosentasche entnommen habe. Frau Müller wies diese Anschuldigung energisch zurück und führte zu ihrer Entlastung an, die paar Kröten müßten beim Ausbürsten der Hosentaschen herausgefallen sein. Jackett und Hose habe sie beim Ausbürsten aus dem Fenster gehalten, und sie vermute, die paar Bettelpfennige lägen vielleicht noch auf dem Hinterhof.

Man hörte Herrn Müller die Treppe hinunterdonnern, er wollte wohl versuchen zu retten, was zu retten war. Pippin und Pippachen standen derweil hinter der Gardine und sahen interessiert auf den Hinterhof, wo Herr Müller auf der Suche nach seiner Skatkasse das Ziegelpflaster aufriß. Der Bäckermeister, der im Erdgeschoß sein Geschäft betrieb, war ihm dabei behilflich. Ob Silbermünzen darunter gewesen seien, wollte er wissen. Ja, sagte Herr Müller, fünf Zweimarkstücke. Och, meinte der Bäckermeister, dann brauche er nicht weiter zu suchen, das Geld befände sich in seiner Ladenkasse. Frau Müller habe dafür am Vormittag fünf Stück Sahnetorte gekauft, die sie so liebe. Eins davon habe sie gleich im Laden verzehrt.

Pippin und Pippachen vernahmen im zweiten Stockwerk, wie Herr Müller hörbar schluckte. Pippachen hielt den Arm ihres Mannes umklammert und beobachtete entsetzt, wie Herr Müller ins Haus zurückstürzte. Beide hörten ihn die Treppe heraufpoltern und die Tür zu seiner Wohnung aufreißen. Dann war es plötzlich totenstill.

Kurz darauf knallte ein Schuß. »Pippin«, schrie Pippachen, »jetzt hat er sie umgebracht!« Sie liefen ins Treppenhaus zu Müllers Wohnungstür. Pippin trommelte mit beiden Fäusten dagegen und rief: »Aufmachen, aufmachen!«

Die Tür öffnete sich. Herr Müller stand lächelnd im Türrahmen, eine Flasche Champagner in der Hand. Er mußte sie eben erst geöffnet haben, denn weißer Schaum quoll aus ihr hervor. »Ihre Frau«, rief Pippa, »wo ist Ihre Frau? Was um Himmels willen haben Sie mit Ihrer Frau gemacht?«

»Sie ist ganz plötzlich abgereist«, sagte Herr Müller und reichte ihr einen Zettel, worauf Frau Müller bescheinigt hatte, daß er die Wahrheit sprach. Sie war in die Dolomiten zu ihrer

Schwester abgereist, um ihrem Schwager die Hosentaschen auszubürsten.

»Ach kommen Sie doch herein«, bat Herr Müller, »trinken Sie ein Glas mit mir. Ich bin jetzt so allein.« Er sah jedoch nicht so aus, als ob er sich einsam fühle, im Gegenteil, er sah richtig fröhlich drein. Pippachen fand seine Gemütslage herzlos, wie gern hätte sie seine Einladung angenommen und ihn getröstet. So aber lehnte sie dankend ab und sagte, sie trinke keinen Alkohol. »Aber ich«, strahlte Pippin und betrat Herrn Müllers Wohnung. Ohne Pippachen, die noch einmal dankend ablehnte. Da machte Herr Müller die Tür von innen zu.

Daheim in ihrer Wohnstube lehnte sich Pippachen an die hohle Wand, um zu lauschen. Sie hörte, wie sich ihr Pippin mit Herrn Müller bei einem Glas Champagner über die Führungsrolle des Mannes in der Ehe unterhielt. Herr Müller hielt es mit Nietzsches Peitsche, während Pippin dem Haupt des Paulus den Vorzug gab. Nach einer Weile fragte Herr Müller, ob Pippin auch Äppelkorn möge. Oder vielleicht einen Doornkaat. Pippin mochte beides, und bald darauf erklangen fröhliche Lieder.

Pippachen aber knirschte mit den Zähnen und sagte sich, sie an Frau Müllers Stelle wäre der Peitsche eines Sadisten von Mann nicht gewichen. Insgeheim beschimpfte sie Herrn Müller und nannte ihn einen Gattenmörder und Liederjan, der sein Kleingeld statt im Portemonnaie in der Hosentasche aufbewahre und seine arme Frau in Versuchung führe. Er hätte ihr lieber jeden Tag fünf Stück Sahnetorte kaufen sollen – sie konnte doch nichts dafür, daß sie so gern Sahnetorte aß.

Dann plötzlich fing Pippachen an zu weinen und beruhigte sich erst wieder, als Pippin nach Hause kam und ihr mit einem zärtlichen Klaps auf den Hintern zu verstehen gab, daß er dem verderblichen Einfluß des Herrn Müller entronnen war. Pralle Rundungen hatten ihn von klein auf zum Streicheln mit der flachen Hand angeregt, er war mit der Bibel und nicht mit

Herrn Müller zusammen aufgewachsen, der sich besser aufs Peitschen von Rundungen verstand. Dafür aber nie in der Bibel las. Immer nur Nietzsche, nichts als Nietzsche. – Abscheulich!

VIII

»Die Rede ist die Kunst, Glauben zu erwecken«
(Aristoteles)

Du Haderlump, du Ungeheuer,
du Spottgeburt von Dreck und Feuer,
du meinst, du brauchst nicht mehr zu tun
als Däumchen drehn und auszuruhn –

Nimm dir ein Beispiel mal an Paul
der schuftet wie ein Ackergaul
und gibt des Sonntags voll Erbarmen
sein ganzes Kupfer für die Armen!

An Willi auch, der als Erzieh'r
bringt wahrhaft gute Frücht' herfür,
zwar manchmal sind es Früchtchen nur
doch *das* liegt an der Subkultur –

Hingegen du, der ganz gezielt
beim Skat sein gutes Geld verspielt
an dir ist nichts, was dir zur Ehre
gereichte und zu loben wäre!

Bleib hier – wonach steht dir der Sinn
wo willst du denn so spät noch hin?
Ich weiß, dir ist zuhaus nicht wohl:
Bei mir gibt's keinen Alkohol!

O Fridolin, du hast doch mich –
Warum bist du so liederlich?

Pippins Skatabende dauerten gewöhnlich bis in die Morgenfrühe, und er konnte es einfach nicht vermeiden, während dieser Zeit hin und wieder ein Schnäpschen zu sich zu nehmen, und sei es nur zu dem Zweck, um mit seinen Skatbrüdern anzustoßen. Diese meinten es wirklich gut mit ihm, sie wollten nicht nur einmal, sondern oftmals auf sein Wohl trinken. Es war für ihn selbstverständlich, daß er ihnen zu erkennen gab, wie sehr auch ihm ihr Wohl am Herzen lag, und sie erkannten das eben daran, daß er für sie nicht nur einen, sondern öfter mal einen ausgab. Auch der Kneipenwirt war allen wohlgesonnen und ließ es sich nicht nehmen, am Schluß eine Runde zu schmeißen und die Runde zum Schluß hinauszuschmeißen.

Der Rausschmiß war für Pippin gewöhnlich der Auftakt zu einer Kette von heiteren Erlebnissen. Einst war er auf dem Nachhausewege in den Marktplatzbrunnen gefallen, worin sich um diese Jahreszeit zum Glück kein Wasser befand. Pippin hatte zuerst überlegt, ob er darin übernachten solle – das Brunnenbett gab ihm ein Gefühl tiefer Geborgenheit. Doch der Gedanke, daß Pippachen sich um ihn sorgen würde, ließ ihn keine Ruhe finden. Es gelang ihm, sich über den Brunnenrand nach oben zu ziehen, und als er schließlich wieder auf dem Marktplatz stand, bemerkte er, daß er seinen Hut verloren hatte. Er blickte hinunter auf den Brunnengrund, sah den Hut aber nicht, weil es so dunkel war. Also rief er in die Richtung, in der er ihn vermutete, einen Gute-Nacht-Gruß, und da der Hut ein *bowler hat* oder mit einem anderen Wort ein *Homburger* war und aus London stammte, tat er es auf Englisch. »Sleep you well«, rief er, und beim zweiten Mal machte er sogar einen Reim darauf: »Sleep you well in your klapp'rig Bettgestell« und beteuerte dem Hut, daß er ihn in der Frühe wecken wolle, aber nicht zu zeitig, da brauche er keine Angst zu haben.

Es fing bereits an zu dämmern, und er mußte sich beeilen, daß er zu Pippa kam; doch anstatt auf geradem Wege nach

Hause zu gehen, wechselte er unaufhörlich die Straßenseite. Stets freute er sich diebisch, wenn es ihm nach vorherigem Anvisieren gelungen war, die Bordsteine zu überwinden, und war keinesfalls entmutigt, wenn sie ihm hin und wieder ein Bein stellten. »Foul«, rief er dann und beschimpfte den Schiedsrichter mit Buh und Bah und gellenden Pfiffen. Er vermeinte wohl, er wäre auf dem Fußballplatz.

Pippachen war aufgeblieben. Sie hatte die ganze Nacht kein Auge zugemacht und eine Liste angefertigt, auf der sie alle herabsetzenden Ausdrücke aufgeführt hatte, die ihr beim Schreiben eingefallen waren.

Es war eine lange Liste, und das Wort »Schucklöwe« kam darin öfter vor, und zwar in einer Variante, die da lautete »Schucklöwe son-der-glei-chen«, ein Prädikat also, das Pippin unter allen Schucklöwen eine hervorragende Stellung einräumte. Pippin freute sich ungemein darüber, als sie es ihm vorlas.

Es gelang Pippachen, ihn am Einschlafen so lange zu hindern, bis er ihr verraten hatte, wo sein Hut zu finden war. Dann erst ließ sie von ihm ab und eilte auf den Marktplatz zum Brunnen. Nachdem sie den *bowler hat* mit Pippins Rohrstock herausgeangelt hatte, las sie diesem gleichfalls die Leviten, aber der Hut zuckte mit keiner Wimper. Pippa sprach deutsch mit ihm, und er konnte nur Englisch.

Pippin durfte das eheliche Schlafzimmer vierzehn Tage lang nicht betreten. Während dieser Zeit trug Pippa den *bowler hat* zum Zeichen, daß sie die Führungsrolle übernommen hatte. Sie gab ihrem Mann zu verstehen, daß sie ihn keinesfalls für das leuchtende Vorbild halte, als das er sich seinem Sohn Micki gegenüber dargestellt habe. *Ihm*, Pippin, gebühre der Rohrstock und nicht Micki. Überhaupt sei Micki *ihr* Micki und nicht *sein* Micki. Und nicht der *Räuber* sei der Letzte, der vor dem Ersten kommt, der der Höchste ist, wie Pippin gegenüber Micki behauptet habe, nein, *Pippin* sei's.

Von dem griechischen Philosophen Aristoteles stammt der Satz:

Die Rede ist die Kunst, Glauben zu erwecken.

Pippin pflegte seinen Skatbrüdern beim Kartenreizen aufmerksam zuzuhören, wenn sie mit ihrer Redekunst versuchten, ihn zum Glauben zu verführen. Pippas Verführungskünste aber waren von vornherein zum Scheitern verurteilt – ihre Reden waren Gardinenpredigten, und die konnte Aristoteles nicht gemeint haben, weil es in Athen zu seiner Zeit noch keine Gardinen gab. Besser wäre es gewesen, Pippa hätte wie in der Kirche so auch zu Hause stillgeschwiegen. »Schweigen«, heißt es bei einem anderen Philosophen, den Pippa aber persönlich ebensowenig kannte wie Aristoteles, »Schweigen ist die Stimme der Menschen, die überzeugt sind; Lautheit ist die Stimme derer, die sich selbst eine Überzeugung schaffen wollen.«

Auf dem Hamburger Fischmarkt hab' ich mal einen Händler erlebt, der mit Gebrüll Aal frisch aus dem Rauch anbot. Er schrie so laut, weil er sich selbst eine Überzeugung schaffen wollte. Ich war daher überzeugt, daß sein Aal ein alter Ladenhüter war und habe ihm einen abgekauft. Natürlich schweigend. Erst zu Hause habe ich den Ladenhüter mit Gebrüll weggeworfen. Aristoteles sagt ja auch nicht, daß ein überzeugter Mensch nur dauernd schweigen soll. Er darf in Abwesenheit eines Mitmenschen, den er wertschätzt, zuweilen getrost seine wahre Meinung äußern. – Oder wie sehen Sie das?

IX

»Konzentration ist die ungetrübt nach
innen gerichtete Abseitigkeit«
(H. Arndt)

Daß sein Vergnügen nicht geheuchelt
das zeigt der Mann, der Pfeife schmeuchelt
wobei er meistens nicht bedenkt
daß der Geruch die and'ren kränkt –

Die Ehefrau ob ihrer Leiden
die ließ sich kürzlich von ihm scheiden,
der Chef behauptet, daß er stinkt
was ihn um seinen Posten bringt.

Auf einer einsam kleinen Insel
da lebt er heut', der Einfaltspinsel,
und alles, was da kreucht und fleuchelt
ist längst geflüchtet, weil er schmeuchelt
doch weint, trotz allem Ungemach
er niemand eine Träne nach.

Nur: manchmal hat er noch bedacht
wie es sein Weib ihm schwergemacht
wenn, wo er sich auch hingelegt,
sie hinter Krümel hergefegt –

Daß sie so schmählich ihn verlassen
vermag er nicht, sein Weib zu hassen
und das Büro mit seinem Treiben
kann ihm erst recht gestohlen bleiben:

Auf Weib und Chef kann er verzichten –
auf seinen Schmeuchelkopf mitnichten!

WANZEN UND RATTEN waren nun, wenn auch nicht ausgerottet, so doch weitgehend ins Nachbarhaus vertrieben. Micki hatte vor seinem Vater die Waffen gestreckt. Das Loch im Fußboden war beseitigt, und Susi, die Kleinste, versank mit ihren Patschelbeinchen nicht länger im Bodenlosen.

Pippin hätte jetzt auf dem Sofa der Muße pflegen und im Buch der Weisheit lesen können, hätte Pippa ihm nicht seinen Hut weggenommen. Er hatte ihn zurückgefordert, doch Pippa verweigerte die Herausgabe.

Der *bowler*, sagte sie, sei bei ihr sicherer aufgehoben als auf dem Grund des Marktplatzbrunnens, welcher als Wasserbehälter und nicht als Aufbewahrungsort für Hüte gedacht sei. Der Hut sei ein Erbstück ihres Vaters, und sie wolle, daß das gute Stück nach Pippins Tod auf Micki überginge. Micki solle auf keinen Fall so einer werden wie sein Vater.

Pippin befürchtete, sie würde nun wieder anfangen, deutsch mit ihm zu reden und hatte eingeworfen:

Nobody is perfect!

aber Pippachen wies diesen Einwand aufs schärfste zurück und sagte, ihr Name sei Pippa und nicht Nobody.

Pippin verlangte nur noch zu wissen, warum sie zu Hause in der Küche den *bowler* trage, aber ein Kopftuch benütze, wenn sie einkaufen ginge.

Den *bowler*, bedeutete sie ihm, trage sie als Zeichen ihrer Vollmacht, denn so stünde es bei Paulus:

Die Frau soll mit Rücksicht auf die Engel
das Zeichen ihrer Vollmacht tragen
und ihr Haupt bedeckt halten.

Danach wußte Pippin nicht mehr, ob er den ersten Brief des Paulus an die Korinther überhaupt richtig gelesen hatte und zog sich auf seine Bank im Park zurück.

Dort saß er nun und sah auf seine Schuhe hinunter, deren Spitzen nach oben gebogen waren wie der Schnabel einer Ente.

Pippachen hatte ihm seit ihrer Eheschließung kein neues Paar mehr bewilligt, ihm dafür aber eindringlich gesagt, er solle von seinem wöchentlichen Taschengeld kleine Sparbeträge ansammeln, damit er sich neue Garderobe kaufen könne, falls es notwendig würde.

Notwendig wäre es seit langem gewesen; sein Taschengeld jedoch hatte stets nur zur Bestreitung der Unkosten für einen wöchentlichen Skatabend gereicht und für ein Päckchen Tabak.

Mit dem Gestank seines Tabaks allerdings konnte sich Pippas Parfüm nicht messen, darum hatte sie gefordert, er solle das Rauchen aufgeben.

Er tat ihr zum Schein den Gefallen und rauchte nun nur noch heimlich im Freien. Dort konnte er sich auch, so wie jetzt, viel besser auf bestimmte Stellen im Korinther-Brief konzentrieren, die er noch nicht entschlüsselt hatte.

Der Blick auf seine Schnabelschuhe war ebenso Teil dieser Übung wie das Ausblasen blauer Takakrauchkringel, deren mit frischer Luft vermischtes Aroma die Bank, auf der er saß, als durchaus nicht störend empfand. Sie war Schlimmeres gewöhnt.

Der Verlust seines Homburgers schmerzte Pippin. Ein Homburger ist ja nicht irgendein Hut sondern ein Statussymbol. Er gibt der Mitwelt kund und zu wissen, daß es der Kopf eines bibelfesten Familienvaters ist, der sich darunter verbirgt. Er bedeckt nicht nur dessen Kopf, sondern krönt vor allem sein Haupt.

Nun glaubte Pippa anscheinend, ihre Verfügungsgewalt über seine Einkünfte erstrecke sich auch auf den Hut und die Bibelexegese. Beides aber hatte er sich ausdrücklich vorbehalten.

Hans Arndt, ein deutscher Aphoristiker, hat einmal gesagt:

*Konzentration ist die ungetrübt
nach innen gerichtete Abseitigkeit.*

Und bei dem französischen Autor Antoine de Saint-Exupéry finden sich die Worte:

Die Liebe ist vor allem ein Lauschen im Schweigen.

Pippin verdroß seine ungetrübt nach innen gerichtete Abseitigkeit. Auch dem »Lauschen im Schweigen« vermochte er nichts zu entnehmen, was ihm die von Pippa zitierte Stelle im ersten Brief des Paulus an die Korinther enträtselt hätte. Und weil es ihn verdroß, daß er so verdrossen war, beschloß er, sich eine kleine Freude außer der Reihe zu bereiten. Von den zwei Vereinskneipen, zu denen er Beziehungen unterhielt, wählte er die Bierschwemme seines Fußballvereins. Dort hatte er Kredit.

X

»Einen Menschen lieben heißt, als einziger
ein für die anderen unsichtbares Wunder sehen«
(Mauriac)

Vor kurzem erst zu Schnaps und Kuchen
bat Jenke mich, ihn zu besuchen
und als ich dann bei ihm zu Gast
trank ich die Schnäpse ohne Hast
zu essen von dem Kuchen
ließ ich mich nicht versuchen –

Zwar: die Verlobung war ein Grund
zur Freude für den armen Hund
doch ich kam nur gelaufen
mich traurig zu besaufen –
Mir war so bang und wehe:
Ich kenne ja die Ehe.

DER WIRT DER VEREINSKNEIPE war hocherfreut, als Pippin sein Lokal betrat. Vielleicht glaubte er, Pippin wolle Schulden bezahlen, weil er so griesgrämig dreinsah. Schulden aber waren es nicht, was Pippin bedrückte. Ihm lag im Augenblick nichts so sehr am Herzen wie das Wohl des Kneipenwirts, darum bestellte er für ihn einen Doppelkorn und für sich selbst nur einen Kurzen. Der Wirt stieß augenzwinkernd mit ihm an und sprach dabei den Wunsch aus, der kleine Micki möge werden wie sein Vater und einen ebenso langen Schluckhals kriegen. Pippin versicherte sich, daß Pippa nicht zufällig hinter ihm stand, dann erst tat er dem Wirt Bescheid. Wie es Pippa denn gehe, erkundigte sich der Wirt. Pippin sagte nur »pst, pst«, und der Wirt schloß daraus, Pippin wolle nicht darüber reden.

Die Tische in seinem Lokal waren um diese Zeit unbesetzt, darum lud er Pippin ein, reichlich Platz zu nehmen, denn, so sagte er, auf einem Bein könne er auf Dauer ja doch nicht stehen. Mit dem einen Bein meinte er den Korn, den Pippin getrunken hatte, der aber dreifach zu berechnen war, denn das zweite Bein war der Doppelkorn, den er sich auf Pippins Wunsch zu seinem eigenen Wohl einverleibt hatte. Zum Sitzen hätte Pippin eigentlich gar keine Bein benötigt, aber da er bereits eins getrunken hatten, schenkte der Wirt ihm ein zweites kurzes ein. Es sah auf jeden Fall besser aus.

Pippin setzte sich in die Nähe der Pauke, die auf einem Gestell in einer Ecke stand. Sie gehörte seinem Vereinsbruder Kain, der bei Pokal- und Meisterschaftsspielen darauf zu hämmern pflegte. Darüber hing an der Wand die Trompete von Vereinsbruder Abel. Der war vor kurzem verstorben. Bis zu seinem Tode hatte er mit seiner Trompete die Vereinsmannschaft ebenfalls angefeuert und zum Angriff geblasen. Dann hatte Kain seinen Kopf mit der Pauke verwechselt. Es kann aber auch sein, daß ihm der Kopf von Abel ganz einfach im Wege stand, wer hält sich schon mit umständlichen Vorsichtsmaßnahmen bei der Beseitigung von Hindernissen auf, wenn er in Ekstase ist. Abel hatte die Attacke Gott sei Dank überlebt, aber kurze Zeit später ereilte ihn das Schicksal doch. Diesmal hatte Kain statt seines Paukenschlegels eine harte Mettwurst benützt, und Abel war an den Folgen einer schweren Gehirnerschütterung gestorben. Kain war des Totschlags angeklagt worden, doch hatte das Gericht ihn nur der fahrlässigen Tötung für schuldig befunden und ein mildes Urteil verhängt. Eine harte Mettwurst, so hieß es in der Urteilsbegründung, ist ein Nahrungsmittel und keine Mordwaffe.

Kain war zu drei Tagen schwärzester Dunkelhaft verurteilt worden.

Auf Bewährung.

XI

»Aeskulapsus: Ein ärztlicher Kunstfehler«
(Frei nach Niederreuther)

Es hausten mal in Buxtehude
zwei Brüder auf nur einer Bude
der eine hatte viel Gehirn
drum las er gern, ein Mann der Stirn,
der and're aber, Mann der Faust,
dem vor der Bücherweisheit graust
soff Bier und fraß die Wurst im Stück
und schnitt er sie, dann daumendück –

Kain hieß der Mann, der soff und fraß
und Abel der, der lieber las
am liebsten Bücher mit Humor
drin kam ihm vieles lustig vor.

Daß sie zum Lustigsein verwendlich
war seinem Bruder unverständlich
»Soll so ein Buch«, so dachte Kain,
»nicht zu was Bess'rem nützlich sein?«
»Die Seiten sollen dienen mir
hinfort als Butterbrotpapier!«

Was half's, daß Abel sich entsetzte
als Kain sein Lieblingsbuch zerfetzte,
der schlug mit harter Mettwurst tot
den Bruder, der es ihm verbot.

Weil, wo der eine Spaß entdeckt,
ein and'rer nichts als Fraß bezweckt
wird stets in diesem Menschenleben
es Kümmernuß und Feindschaft geben.

BIS ZUM TAG DER EMPFÄNGNIS hatten Kain und Abel außer einer Zweizimmerwohnung nichts miteinander gemeinsam, was gemein gewesen wäre. Abel widmete sich, wenn er nicht gerade Trompete blies, der Lektüre humoristischer Erzählungen. Sein Lieblingsautor war Mark Twain, Amerikaner und geistiger Vater der beiden berühmten Lausejungen Tom Sawyer und Huckleberry Finn.

Die literarischen Neigungen seines Vereinsbruders Kain dagegen beschränkten sich auf das Blättern in Warenhauskatalogen, die er sammelte und auf der Toilette stapelte. Regelmäßig riß er Seiten heraus, um sie für einen hygienischen Zweck zu verwenden, wie zum Beispiel zum Einwickeln von Butterbroten. Vergeudung war ihm zuwider, und es war ihm unerfindlich, warum sein Freund überhaupt Geld für Bücher ausgab und nicht ebenso wie er Kataloge sammelte. Und obendrein die Bücher von Mark Twain kaufte. Amerikaner weißer Hautfarbe konnte Kain auf den Tod nicht leiden; für ihn waren sie Sklavenhalter, welche Menschen schwarzer Hautfarbe zu Zwangsarbeit mißbrauchten und sie Baumwolle pflücken ließen, – in glutender Mittagshitze und mit Ketten an den Füßen, damit sie vor der Arbeit nicht davonlaufen konnten.

Am Tag der Empfängnis saß Abel in der Leseecke, vertieft in Mark Twains »Die Abenteuer des Huckleberry Finn«. Er amüsierte sich köstlich. Kain blickte, jedesmal wenn er lachte, mißbilligend zu ihm hinüber. Er war mit einer harten Mettwurst beschäftigt, deren beachtliche Länge er mit seinem Taschenmesser verkürzte, indem er hin und wieder dicke Stücke abschnitt und sie in den Mund schob.

Er hatte vor kurzem ein paar Seiten aus dem Buch gelesen, das seinem Freund solchen Spaß bereitete. Es ging da um einen entlaufenen Negersklaven mit Namen Jim. Demjenigen, der ihn einfing und seiner Besitzerin zurückbrachte, winkte eine hohe Belohnung. – An dieser Stelle angelangt hatte Kain aufgehört zu lesen und die Buchseite herausgerissen, um sie für einen hygienischen Zweck zu verwenden. Er glaubte ohnehin zu wissen, wie es weiterging: Man würde den armen Schwarzen nach der Gefangennahme an einen Laternenpfahl hängen, nicht ohne ihn zuvor mit Teer übergossen und mit Hühnerfedern gespickt zu haben. Das aber fand Kain, im Gegensatz zu den handelnden Personen weißer Hautfarbe, verblüffenderweise überhaupt nicht komisch, und der Umstand, daß sein Freund beim Lesen solcher Lausbubenstreiche vor Lachen fast erstickte, war für ihn ein betrübliches Zeichen geistiger Verwirrung. Hätte er weitergelesen, wäre er allerdings darauf gestoßen, daß die herzensgute Frau Watson dem treulosen Jim kurz vor ihrem Tode die Freiheit schenkte, die sie ihm zuvor geraubt hatte. Nach ihrem Tode hätte sie für ihn sowieso keine Verwendung mehr gehabt.

Kain war soeben dabei, von der harten zu einer weichen Mettwurst überzuwechseln, da – stieß sein Freund plötzlich einen durchdringenden Schrei aus! Dem ersten Schrei folgten weitere, in rascher Aufeinanderfolge. Abel war halb aus dem Sessel geglitten und starrte mit weitaufgerissenen Augen zu Kain hinüber, dem der letzte Bissen harte Mettwurst im Hals steckengeblieben war –

Was war los mit Abel? – Warum war er plötzlich so verändert?

Nun, er hatte bemerkt, daß in seinem Buch eine Seite fehlte, daß sie herausgerissen worden war, und wer sonst konnte solche Herzlosigkeit begangen haben als Kain, dessen Vorliebe für hygienische Buchseiten ihm ja hinreichend bekannt war. – Kain aber glaubte an einen Schlaganfall – schnelle Hilfe war geboten; er ergriff die Wurst und eilte damit hinüber zu Abel. Durch einen leichten Schlag auf den Hinterkopf vermeinte er, das im Hirn seines Freundes ins Stocken geratene Blut wieder in Fluß bringen zu können, und übersah dabei, daß er statt der weichen die harte Mettwurst erhascht hatte ... Es war ein Operationsfehler, ein *Aeskulapsus!*

Ein *Aeskulapsus* ist kein gewöhnliches Versehen, sondern ein ärztlicher Kunstfehler. Kain hätte den Aesku unter gewöhnlichen Umständen gern einem Arzt überlassen und den Lapsus auf dem Fußballplatz an Zuschauer ausgeteilt, deren Köpfe er in Ekstase mit seiner Pauke zu verwechseln pflegte. In Abels Fall war es unvermeidlich, daß ihm beides zufiel, der Aesku sowohl wie der Lapsus, und wenn bei einem ärztlichen Kunstfehler überhaupt von Schuld gesprochen werden kann, so trifft sie weder den Arzt noch die Kunst. Eher noch Mark Twain, den Amerikaner weißer Hautfarbe – man sollte seine Schriften verbieten:

Sie gefährden die Jugend!

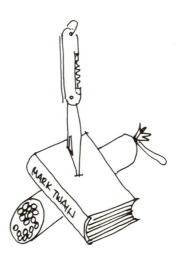

Einige Bücher soll man schmecken, andere verschlucken,
und einige wenige kauen und verdauen.
(Francis Bacon)

XII

»Genius: der Eintritt
eines neuen Elements
in das intellektuelle Universum«
(W. Wordsworth)

Abends trägt er Ringelsocken
um die Mädchen anzulocken
Samba tanzt er, liebt zu schmusen
in der Disco mit der Susen
machen and're Jungen Stuß
haut auch er sie auf die Nuß.

Nein, er ist durchaus nicht spröde,
nur im Hirn verspürt er Öde –
Fußball, Fernsehkrimi und
Illustriertenkunterbunt
Automatentingeltangel,
Winterschlußverkaufsgerangel:
Alles, was da Glück verheißt
ging ihm leider auf den Geist.

Dieser wohnt nun in den Waden
denn sein Dach hat einen Schaden
und als müder Konsumente
sehnt er sich nach früher Rente.

Daß der Geist der Zeit gebar
solch ein Musterexemplar
ist im zwanzigsten Jahrhundert
nichts, worüber man sich wundert
doch im Jenseits tragen Trauer
Goethe, Kant und Schopenhauer.

SEIT ABEL, der Vereinstrompeter, durch einen Narkosefehler auf tragische Weise ums Leben gekommen war, hatte Pippin die Trompete an der Wand seines Vereinslokals stets mit gemischten Gefühlen betrachtet.

Es stimmte ihn traurig, daß Abel sie nun nicht länger zum Angriff blasen konnte. Heute aber lag ihm Pippa im Sinn, und der Anblick der Trompete flößte ihm tröstliche Gedanken ein. Sie war für ihn der sichtbare Beweis, daß nicht das schwache, sondern das starke Geschlecht den heiteren Blödsinn erfunden hatte. Diesen Führungsanspruch konnte Pippa nicht für sich in Anspruch nehmen; er gebührte harten Männern, die keine anderen Götter neben dem Fußball duldeten. Ständig waren sie bemüht, Spielfehler ihrer Vereinsmannschaft zu kritisieren, im positiven Sinne natürlich, ganz im Gegensatz zu Pippa, die alle Fußballfans als Schnapsnasen bezeichnete.

Sie verachtete den Genius, der die Freunde des Fußballsports beflügelt, wenn sie ihre Fußballmannschaft mit Paukenschlag und Trompetenschall anfeuern, mit Bierflaschen nach dem Schiedsrichter werfen – gefüllten natürlich, denn leer würden sie womöglich ihr Ziel verfehlen – und die Köpfe von Anhängern gegnerischer Vereinsmannschaften gelegentlich mit einer Pauke verwechseln. Und sie warnte Micki davor, ihrem Beispiel nachzueifern und dem Schiedsrichter nach dem Leben zu trachten.

Darin war sie zweifellos im Recht. Pippin war bereit zu dem Zugeständnis, daß auch Fußballfans Schwächen und Fehler haben.

Sie halten es beispielsweise für völlig ausgeschlossen, daß ihnen selbst Spielfehler von der Art unterlaufen könnten, wie sie sie bei anderen beobachten – sie wissen nicht nur alles besser, sie können es natürlich auch. Pippin hatte es einmal im Kreise von Vereinskameraden gewagt, darauf hinzuweisen, daß niemand vollkommen ist, und sich dabei wie so oft des Slogans »Nobody is perfect« bedient.

Mit dem Wort »nobody« wollte er niemand beleidigen, aber es erregte heftigen Widerspruch. Zu seiner Rechtfertigung hatte er darauf Goethe zitiert und gesagt:

Vollkommenheit ist die Norm des Himmels;
Vollkommenes wollen: die Norm des Menschen.

Da hatten die anderen plötzlich alle die Fassung verloren. Ein Sturm war ausgebrochen, alle schrieen durcheinander:

Wat denn fürn Himmel? – Wat für 'ne Norm? – Wat heeßt hier Vollkommenet wollen?

Nachdem es dem Vorsitzenden gelungen war, die Wogen der Erregung zu glätten, wurde Pippin aufgefordert: Sag det noch eenmal!

Dieser Aufforderung war er selbstverständlich nachgekommen und hatte sich den Hinweis erlaubt, daß nicht er der Urheber des Zitats sei, sondern der Dichterfürst von Weimar, Johann Wolfgang von Goethe.

Und wieder war ein Sturm ausgebrochen. Einer schlug die Pauke, für einen anderen das Signal, ihn auf der Trompete zu begleiten, man riß sich der Reihe nach das Megaphon aus den Händen und brüllte:

Wat denn fürn Joethe? – Wat denn fürn Weimar? – Wat denn fürn Dichterfürst?

Alles war zum Schluß darauf hinausgelaufen, daß man feststellte, das Goethe-Zitat sei eine abschätzige Anspielung, darauf abgezielt, das Bemühen der Vereinsmitglieder um konstruktive Kritik an der Vereinsmannschaft herabzusetzen. Es wurde beantragt, Goethe für nicht ganz normal zu erklären.

Nun, das stimmt ja auch: Goethe war ein Genie. Einem Fußballfan des 20. Jahrhunderts kann er natürlich nicht das Wasser reichen. Der ist nicht nur vollkommen normal, der ist einsame Spitze. Einfach super.

Nicht wahr, das sehen Sie doch auch so! Fußballfans sind wir Heutigen doch alle – auch Fußballrowdies sind Fußballfans, und ganz egal, wie Sie sich selbst für Sie am günstigsten einordnen: Sie sind Spitze und müssen aufpassen, daß ich nicht noch spitzer werde. – »Nobody ist perfect« heißt es zwar bei Goethe – Sie erlauben doch, daß ich ihn englisch zitiere –, aber der Mann ist seit langem tot und vom Fußball hatte der doch nicht die geringste Ahnung! Toni Schumacher hat er nicht erlebt, und das Wort »Superspitze« war ihm überhaupt ganz unbekannt. So einer kann, wenn es um Fußball geht, doch gar nicht mitreden – man hat ihn ja auch schon vergessen! – Oder wie sehen Sie das?

XIII

»Reif sein heißt,
 in einer Isolierung leben,
die sich selbst genügt«
(Pavese)

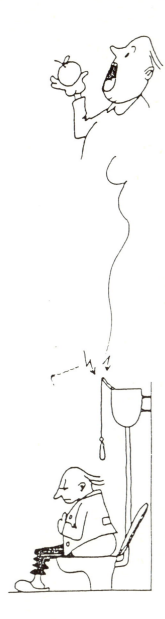

Des Sonntags früh auf der Chaussee
tat's einem Mann im Herzen weh
dieweil der Äpfelbäume Segen
verschwenderisch umhergelegen:
Ein Sturm mit unvernünft'gem Rasen
der hatte sie herabgeblasen.

Der Mann, bemüht nicht draufzutreten,
hebt Äpfel auf mit frommem Beten,
voll Dank in seines Herzens Grunde
führt manchen Bissen er zum Munde
und denkt, daß diese Gottesgabe
ihm wirklich gut gemundet habe.

Zu Hause, schmerzlich war's zu spüren,
befiel ihn dann ein menschlich Rühren
und auf dem Örtchen lange Zeit
verbrachte er in Einsamkeit
und dachte sich: An Gottes Segen
ist wahrlich jegliches gelegen,
doch wenn er derart zwickt und kneift
dann braucht's noch Zeit, bis daß er reift –

So stürzt der Mensch aus hoher Stimmung
hinab oft in die Bauchvergrimmung.

AUF DEM TISCH stand, zur Hälfte geleert, Pippins fünftes Glas Bier. Mit dem Bier hatte er die Schnäpse hinuntergespült, und die Zahl der Biere und Schnäpse war vom Wirt mit Strichen auf Pippins Bierdeckel vermerkt worden, einschliesslich des Doppelkorns, den er auf Pippins Wohl hatte trinken müssen. Pippin wußte, daß diese enorme Zeche von seinem Taschengeld zu bestreiten war. Das aber hatte Pippachen ihm vorübergehend gesperrt.

Der Entzug des Taschengeldes war nur eine von mehreren Strafmaßnahmen, die Pippa in vertraulicher Absprache mit ihrer Mutter über ihn verhängt hatte. Nicht genug damit, daß ihm das Betreten des ehelichen Schlafgemachs untersagt worden war, Pippa hatte ihm auch auf Anraten ihrer Mutter eine 14tägige Fastenkur verordnet. Das Mittagessen für ihn hatte seit Tagen aus nichts anderem als einem Teller wässeriger Graupensuppe bestanden, während dem kleinen Micki die Schnitzel serviert worden waren, die eigentlich seinem Vater zugestanden hätten. Von der Graupensuppe wußte Pippa genau, daß Pippin sie verschmähte, aber – so sagte sie sich – er würde sie schon hinunterschlingen, wenn er Hunger hätte. Hunger hatte Pippin schon, nur gar keinen Appetit. Seit Beginn der Fastenzeit gelüstete es ihn nach einem der beiden Schnitzel, die zur Essenszeit auf Mickis Teller lagen, und im geheimen hoffte er, Micki würde ihm aus Mitleid ein Stückchen davon in seine Suppe tun. Micki war aber noch zu klein, um von edlen Anwandlungen heimgesucht zu werden, und aß beide Schnitzel stets restlos auf.

Pippa pflegte, nachdem alle außer Pippin ihre Teller blank gegessen hatten, die Tafel aufzuheben, die Kinder zum Spielen auf die Straße zu schicken und Pippin seinem Schicksal zu überlassen.

So war es auch gestern wieder gewesen. Pippin war nach Aufhebung der Tafel ziellos von einem Ende der Stadt zum anderen geirrt, bis er auf die Landstraße gestoßen war, die ihm unendliche Ferne verheißen hatte, weit weit weg von Pippachen und ihrem Micki. Dort auf der Landstraße war es gewesen, wo er nach vielen Tagen Verzichts auf Graupensuppe seinen Hunger mit Äpfeln gestillt hatte, die von einem Sturm von den Bäumen herabgeblasen worden waren. Noch entbehrten sie der Reife, waren eigentlich noch nicht eßbar und doch – wie köstlich hatten sie ihm gemundet! Auf dem Rand des Straßengrabens sitzend und vollauf gesättigt, hatte er dann das Dankgebet verrichtet, wozu Pippa sich seit Tagen befugt wähnte und das sie leider vernachlässigte. Es braucht eine gewisse Zeit, um sich an die Verrichtungen zu gewöhnen, zu denen das Tragen eines *bowler hat* einen Haushaltsvorstand verpflichtet, und Pippas Aufmerksamkeit war zunächst darauf gerichtet herauszufinden, wie man ihn überhaupt trägt. Ihn wie Pippin beschwipst über dem Ohr zu tragen war ebenso unschicklich wie ihn zu weit in den Nacken oder nach vorn in die Stirn zu schieben; man mußte Abstand wahren und mit dem Hut als Rangabzeichen Untergebene in die Schranken weisen. Pippa hatte ihre liebe Not mit dem Praliné.

Nach Verrichtung des Dankgebets hatte Pippin sich, mit Gott und der Welt zufrieden, ein Pfeifchen angezündet und sinnend die vielen Äpfel betrachtet, die um ihn her lagen. Da erst war ihm aufgefallen, wie grasgrün sie noch waren. Aber was tat's, sein Hunger war gestillt, und es bestand Aussicht, daß er das rettende Zuhause erreichen würde, noch bevor sich nachteilige Wirkungen auf seine Verdauung einstellten. Darum hatte er sich, die Arme unterm Kopf verschränkt, zunächst unter einen Baum gelegt, um zu schlafen. Dies war seiner Verdauung zwar sehr förderlich, doch wäre es besser gewesen, er hätte tausend Schritte getan und noch ein paar tausend mehr. Damit wäre nicht nur seiner Verdauung gedient gewesen, er hätte auch rechtzeitig einen rettenden Stuhl zum Ausruhen gefunden.

So aber hatte er nach Beendigung seines Mittagsschlafes viele Pausen einlegen müssen, die er in Ermangelung einer geeigneten Sitzfläche im Straßengraben hockend verbrachte.

Pausen dienen andererseits auch der Erholung und sind nach dem Genuß von Exquisitem sogar von hauptsächlicher Bedeutung. Heißt es doch bei einer Persönlichkeit von hohem medizinischen Rang, dem Chirurgen Carl Ludwig Schleich:

Genüsse sind eine Musik, bei der die Hauptsache die Pausen sind.

Der Wirt der Vereinskneipe brachte Pippin einen zweiten Bierdeckel. Der erste war bereits so vollgestrichelt, daß er ihn mit weiteren Stricheleien nicht mehr belasten konnte. Pippins Blick war auf die Trompete an der Wand gerichtet. Sie erschien seinen glasigen Augen wie drei Posaunen, und die wiederum erinnerten ihn an Jericho, die Stadt des biblischen Altertums, deren Mauern dereinst durch den Schall von Posaunen zum Einsturz gebracht worden waren. Pippin hielt dies nicht für unmöglich, hatte doch allein das Geschrei der kleinen Susi vor kurzem bewirkt, daß sich Schindeln vom Dach des Hauses gelöst hatten, wovon eine dem Hauswirt auf den Kopf gefallen war. Die Lungenkraft, die sie bereits im zarten Alter von vier Jahren zu solch heldenhafter Tat befähigte, mußte sie von ihrer Mutter haben. Er, Pippin, hatte sie ihr nicht vererbt. Er war sich nicht einmal sicher, ob seine Lungenkraft ausreichte, um auf der Trompete zu blasen, und wollte es mal versuchen.

Schwankend stand er auf, holte sich die Trompete und fing an zu pusten. Nach anfänglichen Mißerfolgen gelangen ihm Töne, deren Schall die Mauern durchbrach und sie ins Wanken brachte.

Es war am frühen Vormittag. Auf der Straße herrschte lebhafter Verkehr, darum beschloß der Wirt, Pippin nicht hinauszuschmeißen. Er wollte ihn nicht eher dem sicheren Verkehrstod ausliefern, bis er seine Schulden bezahlte hatte, und bugsierte ihn hinauf in ein Gästezimmer. Dort sollte er verweilen und seinen Rausch ausschlafen. Pippin war einverstanden, nahm aber die Trompete mit. Er hatte nach tagelangem Liebesentzug Sehnsucht nach einer Bettgenossin.

Mit ihren Strafmaßnahmen hatte Pippa den Bogen ein wenig überspannt. Daß sie ihm den Hut weggenommen, das Rauchen verboten und das Taschengeld gesperrt hatte, war zweifellos lieb gemeint von ihr, aber daß sie ihn obendrein mit wässeriger Graupensuppe beköstigte und das ihm zustehende Schnitzel dem kleinen Micki servierte, soviel Liebe vermeinte Pippin nun auch wieder nicht verdient zu haben. Er glaubte, irgendwo gelesen zu haben, die Liebe gehe durch den Magen. Durch seinen Magen waren in letzter Zeit außer ein paar grasgrünen Äpfeln nichts als Schnäpse und Biere gegangen. Erstere hatte er bereits am Vortage auf natürliche Weise ausgeschieden, letztere erbrach er im Laufe des Tages in zwei große Eimer, die der Wirt vorsorglich an sein Bett gestellt hatte.

Von einem deutschen Kulturhistoriker und Politiker stammt der Satz:

> *Der Mensch ist eine oben und unten*
> *mit einer Öffnung versehene Röhre.*

Pippin sah es etwas anders. Wenn schon Röhre, so sagte er sich, dann eine, bei der die Liebe statt durch zwei Öffnungen durch den Magen geht. In der Genesis heißt es außerdem, der Mensch sei Ebenbild Gottes. Für einen einfachen Sterblichen wie Pippin war es schwer, sich Gott wie eine Röhre vorzustellen; er war ja auch weder Kulturhistoriker noch Politiker. Er hielt es lieber mit Martin Luther und dem gesunden Menschenverstand. Mit seiner Meinung, der Mensch sei Ebenbild Gottes, der die Liebe ist, die durch den Magen geht anstatt durch zwei Öffnungen, stand er der Wahrheit wahrscheinlich näher als der zitierte Kulturhistoriker und Politiker. Volkes Stimme ist Gottes Stimme, und noch nie ist von Gottes Stimme behauptet worden, der Mensch sei nichts weiter als ein Rohr.

Pippin wußte aber auch, daß Binsenwahrheiten von Kulturhistorikern und Politikern häufig verzerrt wiedergegeben werden. Das Röhrenzitat hätte eigentlich lauten müssen:

> *Die Trompete ist eine oben und unten*
> *mit einer Öffnung versehene Röhre.*

Oder wie sehen Sie das?

XIV

«Verehrung ist tiefgekühlte Liebe»
(Sagan)

Sie warn mir, Hochverehrte,
als ich Sie noch begehrte
von unschätzbarem Werte –

Seit du mir, alte Unke,
mit einem Korb gewunke
bist du im Kursch gesunke:
So hat mir dös geschtunke!

ES WAR ABEND geworden; Pippin hatte seinen Rausch ausgeschlafen. Bevor er nach Hause zu Pippa ging, ermahnte der Wirt ihn eindringlich, er solle nun endlich seine Schulden bezahlen und ihm sein gesamtes Taschengeld herbringen, sein Kredit sei erschöpft. Pippin leistete den Offenbarungseid, klemmte die Trompete unter den Arm und versprach, er wolle Pippa damit den Marsch blasen.

Seine Kreditwürdigkeit war verspielt, nun ging es ums nackte Leben. Die Äpfel, die kostenlos zu haben gewesen wären, waren noch nicht reif, Graupensuppe mochte er nicht, und der Zugang zu Korn und Bier, dem einzigen ihm noch verbliebenen Nahrungsmittel, war ihm nun auch versperrt. Pippin erwog die einzige Alternative, die ihm für die Zukunft noch offenstand: Entweder sich aufzuhängen und dann zu verhungern oder umgekehrt. Welchen Weg er auch immer wählte, er würde Pippa so oder so einen Gefallen tun – und das *widerstrebte* ihm!

Darüber wunderte er sich, denn er war doch sonst nicht so, und er zerbrach sich den Kopf darüber, was es wohl sein mochte, das ihn zu solcher Ungefälligkeit bewog. Er hätte nur in der Bibel nachlesen brauchen. Tod, so heißt es dort sinngemäß, ist eine atemberaubende Erfahrung, auf die zu verzichten dem Menschen nicht gestattet ist, ungeachtet der Tatsache, daß er den Atem notwendig braucht, unter anderem zum Posauneblasen.

Vor seiner Wohnungstür angelangt, setzte Pippin die Trompete an den Mund und blies zum fröhlichen Jagen. Der Vermieter und die anderen Hausbewohner kamen gelaufen und scharten sich hinter ihn, alle außer Pippa. Sie blieb in der geöffneten Wohnungstür stehen und bot ihm die Stirn. Bewaffnet war sie wie immer mit ihrer Liste zärtlicher Kosenamen, denen sie während Pippins Abwesenheit weitere Schmeicheleien hinzugefügt hatte. Eine davon lautete: alter Schnarchzapfen. Sie hatte alle von ihr erfaßten Würdenamen auswendig gelernt und trug die Liste nur bei sich für den Fall, daß sie ins Stocken geriet.

Pippin beendete das Jagdsignal, nahm Pippa den *bowler hat* vom Kopf und bedeckte den seinen mit der Jagdbeute. Pippa öffnete den Mund, konnte ihn aber nicht wieder zumachen, weil Herr Müller ihr über Pippins Schulter hinweg mit Nietzsches Peitsche winkte, eine Erfahrung, die den Menschen dazu bewegt, vorübergehend den Atem anzuhalten, ohne zugleich den Geist aufzugeben. Pippin drehte sich um, bedankte sich bei den Hausgenossen für ihr tiefempfundenes Mitgefühl und bat sie, nun wieder nach Hause zu gehen. Er hoffe, sagte er, es würde sie nicht stören, wenn er in Zukunft gelegentlich am Abend den Zapfenstreich bliese. Dann nahm er Pippa beim Arm, führte sie ins gemeinsame traute Heim und machte die Tür von innen zu.

Im Wohnzimmer erkundigte er sich, ob alle zu Abend gegessen hätten. Pippa bejahte mit der Einschränkung, daß Mikki die Nahrungsaufnahme verweigert habe, da er keine Schnitzel mehr möge. Pippins Graupensuppe stünde aber noch auf dem Herd, sie brauche sie nur aufzuwärmen. Pippin erwiderte, das habe Zeit bis morgen, da könne sie, Pippa, die Graupensuppe zu Mittag essen oder sie Micki geben. Er selbst habe nun Hunger und Appetit auf zwei große Schnitzel, als Aperitif trinke er einen Hennessy. Bei dem Stichwort »Hennessy« fiel Pippa sofort der Schlucklöwe ein, doch Pippin nahm ihn ihr aus dem Mund, indem er das Signal zum Essen blies.

Danach öffnete er den Wohnzimmerschrank und entnahm diesem Pippas Haushaltsportemonnaie. In Zukunft, sagte er, werde er über seine Einkünfte selbst verfügen und Pippa mit Taschengeld versorgen. Er empfehle ihr aber, davon kleine Sparbeträge anzusammeln, damit sie, falls es notwendig würde, für sich neue Garderobe kaufen könne.

Dann forderte er von ihr den Schlüssel zum Geheimfach, worin sie den Hennessy aufbewahrte. Nur für besondere Gelegenheiten. Heute abend, sagte Pippin, sei eine besondere Gelegenheit, ob Pippa auch einen möge.

Pippa mochte mehr als nur einen, so daß Pippin später, als sie in Eintracht das eheliche Doppelbett mit ihm teilte, nicht umhinkonnte, sie seine kleine »Schlucklöwin« zu nennen. Sie aber nannte ihn fortan nur noch »Löwe«, aber ohne »Schluck« davor. – Das paßte auch viel besser zu Pippin.

Sehen Sie das auch so?

XV

»Schön ist, was zugleich reizend und erhaben ist«
(A. W. Schlegel)

Geranie, Fuchsie, Cyperngras,
die schauen durch das Fensterglas
auf Straße, Fluß und Brücken –

Bist du im Zimmer, lieber Schatz,
und sitzt auf deinem Arbeitsplatz
beschauen voll Entzücken
sie lieber deinen Rücken.

MICKI nahm zu an Alter und Weisheit. Er hatte eine Freundin gefunden, die zu ihm aufschaute, weil er ihr Fahrten ins Blaue mit dem Motorrad versprochen hatte, das er noch nicht besaß, das ihm aber, so sagte er zu Vicki, sein Vater zum 11. Geburtstag schenken müsse. Der sei schon morgen, und er brauche zu Hause nur ganz schnell Bescheid sagen – »Warte hier auf mich«, schrie er, »ich bin gleich wieder da!«

Für Vicki war »gleich« ein Synonym für »sofort«. Genauso hatte Micki es auch gemeint, aber Vicki wartete vergebens. Irgendein Spielverderber mußte Micki am sofortigen Zurückkommen gehindert haben.

Die Vermutung war naheliegend. Tatsächlich soll es ja Väter geben, die ihren heranwachsenden Söhnen weismachen wollen, ein Motorrad sei kein Spielzeug. Auf Mickis Frage, was ein Motorrad denn anderes sei, hatte sein Vater geantwortet: eine *Mord*waffe! Und sich obendrein nicht entblödet, seinem Sohn eine Story aufzutischen aus der Zeit, da er als Kradmelder mit Unterstützung der großdeutschen Wehrmacht fremde Länder erobert hatte. Damals, erzählte er, pflegten Hilfstruppen des Feindes als Kühe getarnt die Straßen zu versperren, wobei er einmal von seinem Motorrad herunter auf den Bauch gefallen sei. – »Warum bist du denn nicht über die Feinde hinweggesprungen?« wollte Micki wissen und gab damit zu erkennen, daß er seinen Vater für reaktionär hielt. – Recht hatte er! Die Zeit war seit Pippins Eroberungszügen ja nicht stehengeblieben: Mickis Generation pflegte ein Motorrad gelegentlich auch als Flugzeug zu benützen. Sie bewegte sich damit ganz auf der Linie von Bert Brecht, bei dem es heißt:

Wirklicher Fortschritt ist,
was Fortschreiten ermöglicht oder erzwingt.

Demgemäß hatte Micki seinem Vater die Daumenschrauben angesetzt und geschrieen: »Wenn du mir kein Motorrad schenkst, klau ich mir eins – so!«

»So!« mit Ausrufungszeichen war nicht nur für Micki, sondern auch für Pippin gleichbedeutend mit »Verstehste!« Er verstand sofort, gehorchte aber nicht sogleich. Starren Auges blickte er in eine Ecke des Wohnzimmers, wo er vermeinte, Bert Brecht zu sehen, wie er ihm höhnische Fratzen schnitt. Entschlossen griff er zur Hausbibel, was er immer tat, wenn es galt, böse Geister zu vertreiben. Aber ehe er sie Bert Brecht an den Kopf werfen konnte, kam ihm Pippa zuvor. Eindringlich beschwor sie Micki, das Haupt des Vaters nicht durch ungesetzliche Handlungen zu verunehren. Wie er, Micki, denn über ein Paar neue Jeans denke, samt dazu passendem T-Shirt. – Oder, warf Pippin ein, über eine Bundhose mit Wadenstrümpfen: Johann Wolfgang von Goethe habe solche strapazierfähige Kleidung von Kindesbeinen bis ins hohe Alter getragen.

Von diesem Vorschlag allerdings war Pippa gar nicht begeistert, darum entließ sie Micki in die Obhut von Vicki und erklärte die Macht des Herrn für zunächst vom Dienst suspendiert.

Spätabends im ehelichen Doppelbett nahm sie dann Gelegenheit, Jeans und T-Shirt für Micki mit Pippin unter vier Augen zu erörtern. Goethes Jugendzeit, sagte sie, sei die Zeit der Romantik gewesen, Micki jedoch gehöre dem 20. Jahrhundert an, einer Zeit der nackten Tatsachen, die man nicht länger nach Art von Romantikern unter einer Bundhose verberge, sondern betont deutlich zur Schau trage. Jeans und T-Shirts habe es zur Zeit Goethes noch nicht gegeben, und sie vermute, daß der Arme deswegen im Jenseits Trauer trage – dieses Schicksal aber wolle sie Micki ersparen.

Pippin hörte nicht zu. Er dachte an Gerda, seine um 20 Jahre jüngere Arbeitskollegin. Sie mußte sein heimliches Rufen vernommen haben, denn sie erschien ihm neckisch bekleidet mit nichts als nur einem T-Shirt. Anmutig drehte sie ihm den schönen Rücken zu.

»Schön«, sagte der Dichter August Wilhelm Schlegel, »schön ist, was zugleich reizend und erhaben ist.«

Pippin war hingerissen vom Reizenden und zugleich Erhabenen, das Gerda ihm unterhalb ihres T-Shirts selektiv präsentierte. Bis dahin hatte er Pippas Reden über sich ergehen lassen, nun fiel er ihr plötzlich ins Wort: »Gute Idee«, sagte er, »das mit dem T-Shirt! Micki soll eins zum Geburtstag haben.« – »Mit Bundhose?« fragte Pippa ungläubig. – Pippin wußte zuerst nicht, was sie meinte – Mickis Hosen waren ihm völlig entfallen. Doch dann erinnerte er sich – »nein, nein«, sagte er hastig.

»Mit Jeans selbstverständlich«, jubelte Pippa.

»Selbstverständlichkeiten«, heißt es bei einem Erzähler aus Österreich, »sind Ungeheuer, die so reglos und so lang schon neben uns schlafen, daß wir sie nicht mehr wahrnehmen.«

Nicht nur für Pippa, auch für Pippin waren Hosen eine Selbstverständlichkeit, und er versäumte nie, seine reglos schlafenden Ungeheuer morgens zu wecken und sie sich anzuziehen. Und er verteidigte sie heftig, wenn Pippa sie sich anziehen wollte, was gelegentlich vorkam. Gelang ihr das, dann fiel ihm auf, daß sie bissig waren, und er konnte sie nur zähmen, indem er ins Horn blies – wie weiland Josua zu Jericho.

XVI

»Einen Menschen lieben heißt, ihn so zu sehen,
wie Gott ihn gemeint hat«
(Dostojewski)

Der erste schenkte Silberschmuck,
der zweite brachte – sieh mal kuck –
ein Lexikon mit kleinem Druck,
der dritte (zwar schon Ehegatte
der Gerda trotzdem gerne hatte)
verehrte ihr 'ne Langspielplatte –

Der vierte, fünfte, sechste – schade,
die waren nur aus Schokolade.

MICKIS GEBURTSTAG fiel auf den 24. Dezember, den Tag also, an dem alle Menschen, die Großen und die Kleinen, sich plötzlich daran erinnern, daß Geben seliger ist als Nehmen. Die Weisheit dieses alten Sprichworts geht ihnen zu Herzen – sofern der Verstand sie nicht hindert, dorthin zu gelangen. Der ist dem Herzen nicht selten überlegen: er sitzt im Kopf und kann rechnen.

Micki pflegte zu Weihnachten von seinem Taschengeld eine Mark für eine schwarze Brasil abzuzweigen und seinen Vater damit selig zu machen. Dieser belohnte ihn dafür mit weit reicheren Gaben. Trotzdem – der Verlust von einer Mark blieb schmerzlich, und Micki hätte seinem Vater lieber sein Herz geschenkt. Seine Mutter aber hatte gemeint, das sei zuwenig und ihm zu einer schwarzen Brasil geraten. Das Herz, sagte Pippa, sei die schwache Seite des Kopfes, darum ließen sich mit ihm keine Geschäfte machen. Sein Vater habe selbst genug davon, er sei auf Mickis schwache Kopfseite gar nicht angewiesen.

Zur Weihnacht des voraufgegangenen Jahres war Pippins Vaterherz besonders schwach im Kopf gewesen: es bescherte Micki ein Fahrrad, ein Luftgewehr und eine Taucherausrüstung – alles auf einmal und für nur eine Brasil. Mickis bevorstehendes Weihnachtsfest, das auch der Feier seines Geburtstages gewidmet sein sollte, drohte allerdings zu einem Tag des Unheils zu werden. Ein Motorrad war für den Einsatz von nur einer Zigarre nicht zu haben.

Damit hätte Pippin zunächst am liebsten sich selbst gern beschenkt. Wie gern hätte auch er seiner Flamme Fahrten ins Blaue mit dem Motorrad versprochen. Nun aber hatte er sein Wort vor vielen Jahren bereits Pippa verpfändet und diese vor dem Traualtar mit einem goldenen Pfandsiegel behaftet. Den Goldring, womit Pippa ihn ihrerseits versiegelt hatte, trug er zumeist in der Hosentasche. Dort lag er eigentlich ganz locker, hatte aber deswegen nicht aufgehört, ein

Haftsiegel zu sein und sich ihm zumindest abends an den Finder zu heften, wenn er zu Hause bei Pippa weilte – von den sonntäglichen Kirchgängen mit ihr ganz abgesehen. Die wären für Pippa ohne ihren mit der goldenen Handschelle an ihre Seite gefesselten Mann überhaupt nicht zu vollziehen gewesen.

Nein, Fahrten ins Blaue mit dem Motorrad konnte er Gerda nicht versprechen. Ihm blieb kein anderer Weg, als sie nach Art von Micki selig zu machen. Zwar: schwarze Brasil verabscheute sie. Er mußte sich etwas anderes einfallen lassen.

»Einfall«, sagt Robert Lembke in seinem »Zynischen Wörterbuch«, »ist eine Idee mit einem Lächeln.« – Pippin hatte solch eine lächelnde Idee und säumte nicht, sie unverzüglich ins Werk zu setzen. Gerda durfte gespannt sein.

Am letzten Arbeitstag vor den Weihnachtsferien ging Gerda stets mit Freuden ins Büro. Herrliche Überraschungen warteten auf sie in Form von zahlreichen, mit vergoldeten Schnüren verzierten Päckchen. Für die Schreibmaschine war dies der schwärzeste Tag des ganzen Jahres: Gerda würdigte sie keines Blickes.

So war es auch heute wieder. Gerda setzte sich auf ihren Arbeitsplatz und streichelte nur die Päckchen mit ihren Augen. Augen, die, um mit den Worten des Dichters zu reden, »von der matten Klarheit schwärzlicher Weiher und der ölglatten Ruhe tropischer Gewässer waren.«

Sie saß seitlich zum Fenster. Unterhalb ihrer duftig-zarten Bluse trug sie einen Rock, der sich eng über ihre erhabene Schönheit wölbte, die sie selektiv den Blumen auf der Fensterbank präsentierte.

Pippin pflegte auf seinen Botengängen mehrmals am Tag hereinzuschauen – zu keinem anderen Zweck, als um ihre Schönheit zu bewundern. Die Blumen waren schon daran gewöhnt; für sie war das Außergewöhnliche bereits zu etwas Gewöhnlichem geworden. Und trotzdem freuten sie sich.

Gerda fing an, die Päckchen auszuwickeln. Sie enthielten sämtlich dieselbe Schokoladenfigur, weihnachtlich angetan mit Pudelmütze und silbernem Rauschebart. Ihre Gleichförmigkeit diente dem listigen Zweck, Gerda die wahre Identität ihrer männlichen Gleichnisse zu verschleiern, doch ließ ihre unterschiedliche Länge vermuten, daß sie dem Range nach keineswegs ebenbürtig waren. Fast die gesamte mittlere und höhere Beamtenlaufbahn hatte sich bei ihr versammelt, die Unteren zuoberst, die Oberen zuunterst – in zwangloser Geselligkeit.

Gerda versuchte zunächst, all die vielen bärtigen Weihnachtsmänner nach Längen zu ordnen und jedem den Platz zuzuweisen, der ihm seiner wahren Größe nach zukam. Rechter Flügelmann war der Herr Amtsrat, neben ihn stellte sie, nur eine Pudelmütze tiefer, die beiden Amtmänner, ihnen folgten in entsprechender Abstufung die acht Inspektoren und sodann das Fußvolk mit immer kleineren Pudelmützen bis hinunter zum Amtsboten, der, weil seine Mütze die kleinste war, eigentlich hätte das Schlußlicht bilden sollen, doch war er nicht zum Appell erschienen. An seinerstatt war ein Riese von Gleichnis erschienen, der den Abteilungsoberen um eine Körperlänge überragte. Er mußte aus dem Direktionszimmer hierher verschlagen worden sein!

Gerda lief es heiß über den Rücken. Die Sekretärin des Herrn Direktors stand kurz vor der Pensionierung. Sollte das überdimensionale Prunkstück etwa eine Verheißung sein? Ein Stellenangebot? – »Möglich«, dachte sie, »aber unwirklich!« Wirklichkeitsnäher schien ihr die Vermutung, daß der Herr Direktor für den abwesenden Amtsboten die Rolle des bärtigen Weihnachtsmannes übernommen hatte – aus Fürsorgepflicht und auf herausragende, seiner Größe würdige Weise.

Kurzentschlossen stellte sie den Erlauchten, von dem sie nicht wußte, ob er als Repräsentant seines eigenen Gleichnisses oder nur als Vertreter eines Wichtelmännchens erschienen war, an den Anfang der Reihe, wo er dem Herrn Amtsrat mit jovialer Herablassung begegnen konnte. Dem war es allerdings nicht entgangen, daß es der Amtsbote selber war, der es wagte, sich in unziemlich überhöhter Gestalt in höhere Kreise einzuschleichen. – Der Schokoladenobere grinste nur spöttisch.

Er war, wenn auch nicht äußerlich, so doch dem Geiste nach seinem Gleichnis ähnlich. Wie oft schon hatte der Herr Amtsrat von der Kanzel herab die Worte aus der Frohen Botschaft gehört, die da lauten: »Wer sich selbst erhöht, wird erniedrigt werden.« Und vermeint, sie auch richtig gedeutet zu haben. Und natürlich hatte sich ihm auch der verborgene Sinn der weitaus tröstlicheren Verheißung erschlossen, die besagt, daß wer sich selbst erniedrigt, erhöht werden wird.

Frohe Glaubenszuversicht war es daher, die dem Gleichnis des Herrn Amtsrat die Kraft verlieh, als erster nach unten in den Einkaufsbeutel zu springen, den Gerda ihm einladend aufhielt. Ihm nach sprang die Schar seiner Getreuen, zum Schluß der linke Flügelmann. Bis zuletzt hatte er sich im Bewußtsein seiner niedrigen Gehaltsstufe zurückgehalten – nun lag er obenauf und sollte, wenn Gerda zu Hause den Beutel auspackte, als erster befördert werden – in ihr Himmelreich, wo ihm obendrein die Freude winkte, den Herrn Amtsrat in die Rolle des Schlußlichtes verwiesen zu sehen.

Übrig blieb nur der gleißnerisch Überhöhte – er paßte in keinen Einkaufsbeutel. Gerda trug ihn höchstpersönlich auf dem Arm nach Hause.

Auf dem Wege dorthin lauschte er ihren Gedanken. »Vielleicht«, so hörte er sie denken, »nehme ich dich mit nach Frankreich. Dort werden wir zu dritt das Jahresende verbringen mit einem jungen Mann, der des Französischen mächtig ist. – Nun, du wirst ihn noch kennenlernen!«

Der Prachtvolle war davon gar nicht erbaut. Ihm wäre es lieber gewesen, Gerda hätte das Jahresende mit ihm allein verbracht. Er fand sie undankbar.

»Der Undankbare«, hat einmal jemand gesagt, der es nicht besser wußte, »ist ein Mensch, der etwas für nichts bekommen hat und zu denselben Bedingungen mehr haben will.«

Nun ja, das Prunkstück war aus Schokolade, unkundig des Französischen. Gerdas gehobenen Ansprüchen war er nun mal nicht gewachsen. Und mit einem silbernen Rauschebart neben sich auf dem Kopfkissen das Jahresende zu verbringen war auch nicht nach Gerdas Herzen. »Jung für sich und Alt für sich«, heißt es im Volksmund. Und der weiß es am besten.

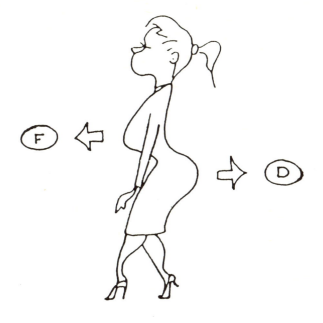

XVII

»Mädchen, das sind die, die rückwärts tanzen«
(Bob Hope)

Ein Mädchen, das nach Frankreich fuhr,
verblieb dort ein paar Tage nur
und durstig trank sie tous les jours
Amer Picon mit Selter –
Ein troubadour sang von amour
die Sonne schien auf Wald und Flur
als sie nach Deutschland kam retour
fand sie es hier viel kälter.

Von nun an trank sie immer nur
noch Kräuterschnäpse – aber pur
auf die santé vom troubadour
und wurde alt und älter
dank Abstinenz von Selter.

PIPPIN saß zu Hause im Wohnzimmer unterm Lichterbaum und beteiligte sich an den Lobeshymnen seiner Lieben. Sie galten einem Tannenbaum mit grünen Blättern, und der Lichterbaum schloß daraus, daß es ein anderer als er war, der bejubelt wurde. War er doch eine Fichte mit Nadeln – einen Tannenbaum mit grünen Blättern hätte er sich niemals einreden lassen, er hatte schließlich auch seinen Stolz.

Der Fußboden war kärglich übersät mit einem Teil all der Spielwarenartikel, die, in einem ordentlichen Kaufhauskatalog auf etwa 50 Seiten abgebildet, in Kindern unziemliche Wünsche wecken. Für Susi hatte Pippin ein Püppchen gekauft, das trinken und sich das Höschen naßmachen konnte.

Vom Nachttopf bis zum tollen Abendkleid: dies und noch weit mehr hatte das Kaufhaus aufgeboten, um Susis Püppchen selig zu machen, und beinahe wäre es ihm gelungen, Pippin von der Notwendigkeit eines Kundenkredits zu überzeugen – bis zu 20.000 Mark, Bonität vorausgesetzt.

Pippins Arbeitgeber war der Staat: für das Kaufhaus ein Hort der Sicherheit und des Rechts. Für Pippin leider nicht zugleich. Der war sich der staatlichen Bonität nicht so sicher, darum hatte er sich beim Kauf nur auf das unumgänglich Notwendige beschränkt, wozu außer einem Püppchen mit nassen Höschen auch ein Motorrad mit Elektro-Antrieb gehörte für nur 299 Mark 99 – ein preiswertes Motorrad, wenn man bedenkt, wie nötig Micki es brauchte. Der Kauf von Jeans und einem T-Shirt für Micki hätte sich damit erübrigt – hatte Pippin gemeint. Nicht so Pippa.

Und nun trug er beides bereits, *ihr* Micki. Auf seinem T-Shirt prangte in großen Buchstaben sein Künstlername: Götz von Berlichingen. Von diesem wußte Micki nur, daß er ein Anführer mit einer eisernen Faust gewesen war. Von den eisernen Worten, die ihm lange nach seinem Tode von einem gewissen Goethe in den Mund gelegt worden waren, wußten er und der Ritter nichts.

Susi saß auf dem Fußboden, umringt von Schokoladenmännchen und ihrem Püppchen. Das hatte sich heute statt nasser Höschen ein tolles Abendkleid angezogen.

Susi war damit beschäftigt, Schokoladenmännchen in gleichnishafter Reihenfolge aufzustellen: Mami am Anfang, Micki daneben, Papi am Ende – und Susi am Anfang neben Mami – ein Kind ist schließlich auch nur ein Mensch, der immer strebend sich bemüht, über andere hinauszuwachsen. Als sie mit Aufstellen fertig war, packte sie ihren mickrigen Schokoladenpapi und stellte ihn zu Füßen der Krippe auf – für sie der angemessene Platz für ein Familienoberhaupt als ranghöchstes Wichtelmännchen. Aufrecht stand er dort im Kreise von gekrönten Häuptern, die sich kniend vor dem Gottesknecht beugten, der ein Reich beherrscht, das nicht von dieser Welt ist.

Susis Schokoladenpapi konnte die Knie nicht beugen, darum stieß sie ihn in den Rücken, und er fiel auf den Bauch. – »Meistens«, sagt der Dichter Johann Gottfried Seume, »macht die Kleinheit die Größe aus.«

Susi schaute zu ihrem Papi auf, mit Augen klar wie Brunnenwasser. Für sie war er der Größte, und das erfüllte ihn mit Unbehagen. Sie tat ihm zuviel Ehre an; er war sich bewußt, daß er ein Sünder war ganz im Gegenteil zu Pippa, die sich für etwas ganz anderes hielt. Nachträglich empfand er es als glückliche Fügung, daß er den gleißnerisch Überhöhten Gerda und nicht Susi geschenkt hatte – für den widerlichen Burschen wäre in der Krippe nicht Platz gewesen, selbst wenn er draußen die Mütze abgenommen hätte.

In der Nacht erschien ihm Gerda. Sie entstieg einem Warenhauskatalog, neckisch bekleidet mit nichts als nur einem T-Shirt. In ihren Händen trug sie einen Mühlstein, und sie schickte sich an, ihn Pippin um den Hals zu binden, um ihn fröhlich kichernd und mit anmutigen Gebärden in die Tiefe des Meeres zu versenken. Da eilten ihm zu Hilfe alle, denen er

Leid und somit ein Leben in Fülle verdankte: Pippa und Mikki, der nicht nur *ihr*, sondern auch *sein* Micki war, und allen voran Susi, die nicht nur *seine*, sondern auch *ihre* Susi war. Pippa stieß ins Horn, Micki drohte mit eiserner Faust und Susi trug ihren mickrigen Schokoladenpapi auf einem Händchen. Ihr zur Seite schritt, bewaffnet mit einer Peitsche, Friedrich Nietzsche. Gerda kam näher und näher – da sprang der Schokoladenpapi von Susis Hand herab auf den Erdboden und wuchs empor zu übermenschlicher Größe. Seine Augen sprühten Blitze, Nietzsche schwang die Peitsche – *BÄNG* –

Von der Druckwelle dieses Urknalls erfaßt, fing Gerda an, nach rückwärts zu tanzen. Der Mühlstein entglitt ihren Händen, fiel krachend zu Boden und –

Pippin wachte auf. Neben ihm schnarchte Pippa, sie, die ihn stets des Schnarchens bezichtigte und ihn einen »alten Schnarchzapfen« nannte. – Er lächelte nachsichtig: sie hatte ihn und damit sich selbst gerichtet. Leise stand er auf und ging ins Wohnzimmer.

In der Krippe unterm Tannenbaum, der eine Fichte war, lag sein Gleichnis immer noch auf dem Bauch. Daß der Mickrige einmal zu übermenschlicher Größe emporwachsen würde, hätte Pippin ihm wachen Sinnes nicht zugetraut. Je nun, dachte er, den Sinnen ist nun mal nicht zu trauen – ein Glück, daß Susi den Augen ihres Herzens traute, die ihr zu erkennen gaben, daß ihr Papi weder mickrig noch aufgeblasen war. Ein Schnarchzapfen wohl – da mochte Pippa recht haben. Aber sie war ja auch nicht besser.

Getröstet half er dem Schokoladenpapi auf und stellte ihn auf die Füße. Nun standen beide mit beiden Beinen fest auf dem Erdboden – und wenn kein »Bing Bang«, sprich Urknall, sie inzwischen aus dem Gleichgewicht geworfen hat, dann stehen sie so noch heute.

Größe hat, wer sich selbst besiegt.
(Laotse)